INHALT

Orientierung

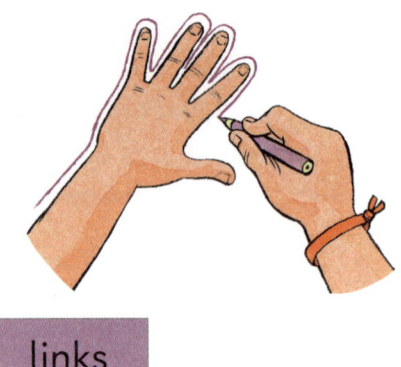   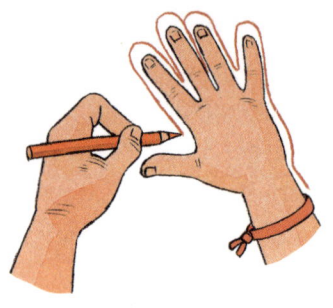

links   **rechts**

 **1**

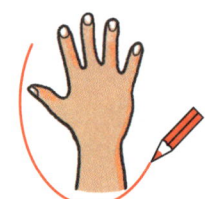   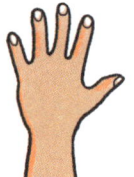   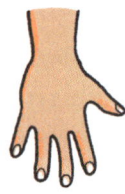

 **2**

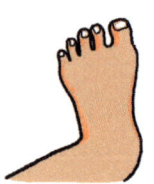   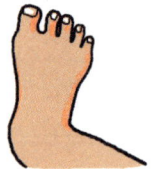   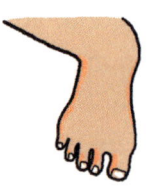

3

        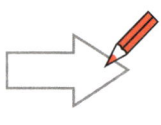   

 **4**

Zählen

1

| 1 | 2 | 3 | 4 | 5 |

2

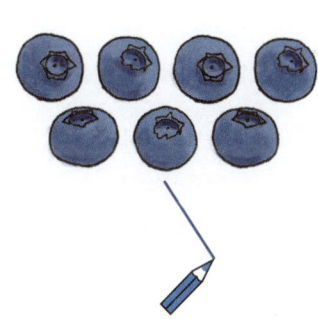  

| 6 | 7 | 8 | 9 | 10 |

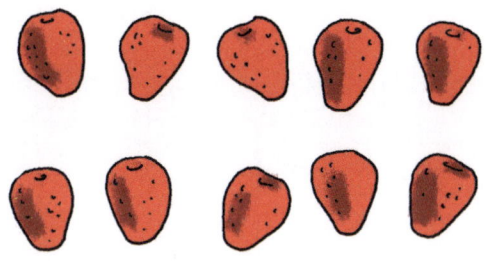 

Die Zahlen 1 und 2

1

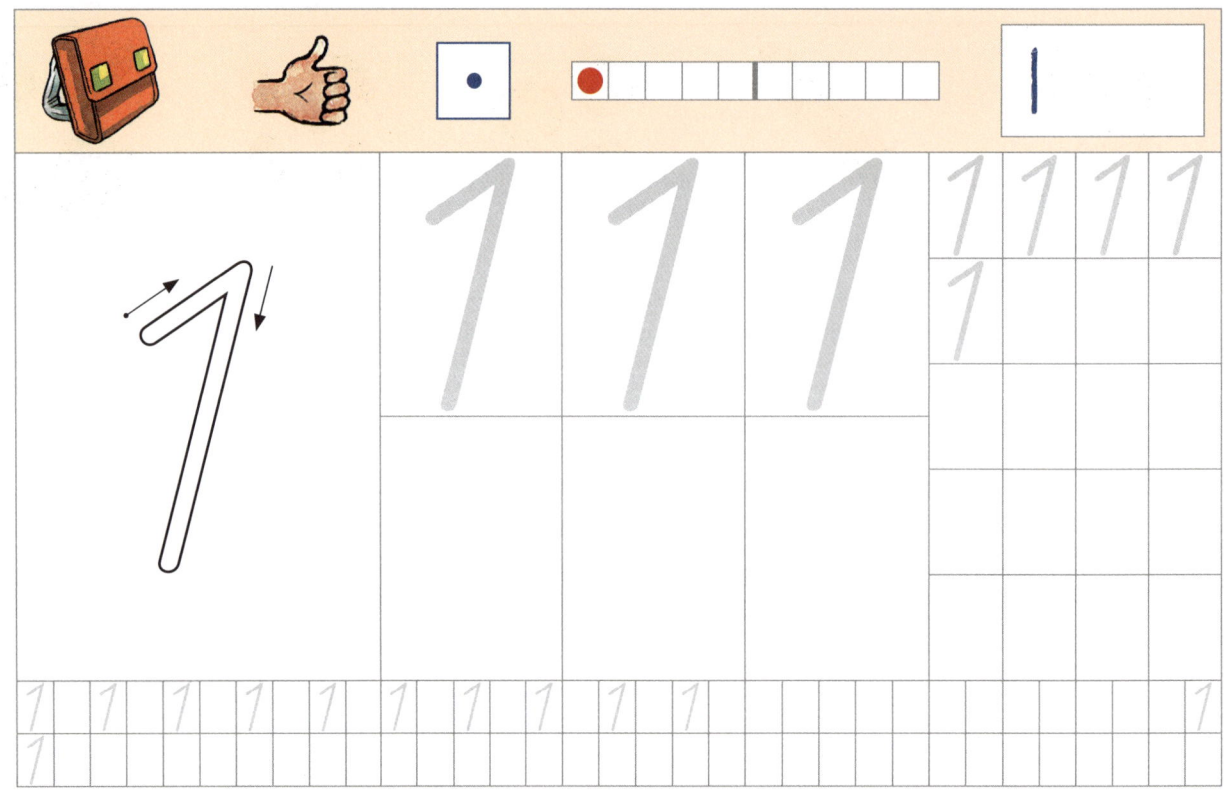

2

Die Zahlen 3 und 4

1

2

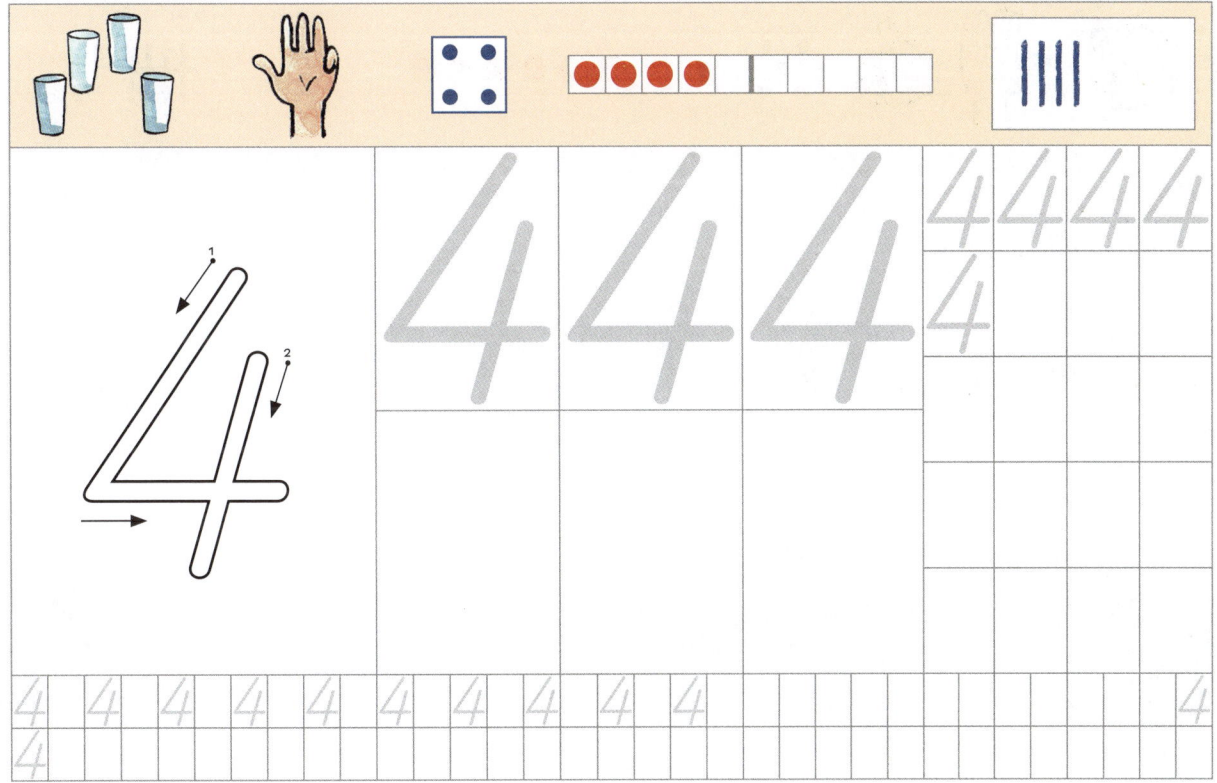

Die Zahlen 5 und 6

1

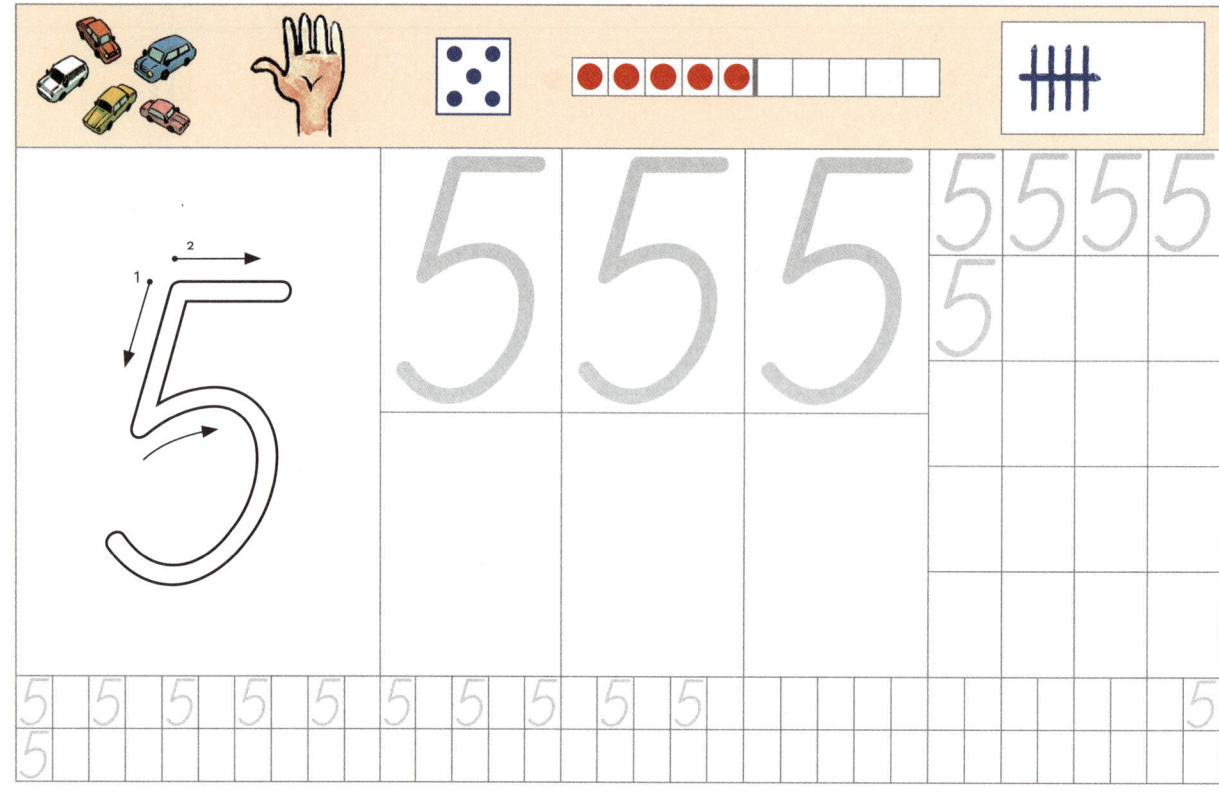

2

Vergleichen der Zahlen von 1 bis 6

1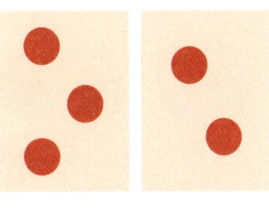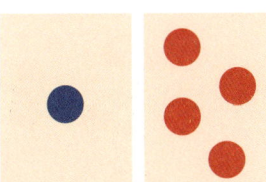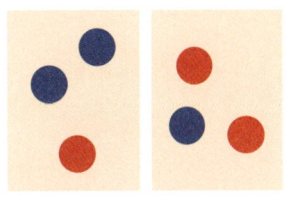

 3 ⬤ ▢   ▢ ⬤ ▢   ▢ ⬤ ▢

2 ⚃ ⚅   ⚅ ⚅   ⚂ ⚁   ⚀ ⚄

4 ⬤ ▢   ▢ ⬤ ▢   ▢ ⬤ ▢   ▢ ⬤ ▢

3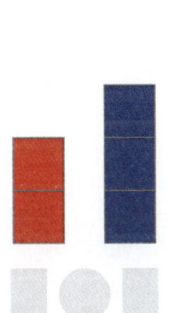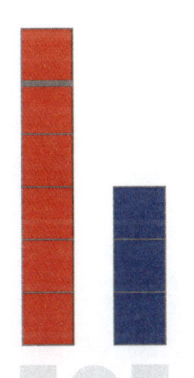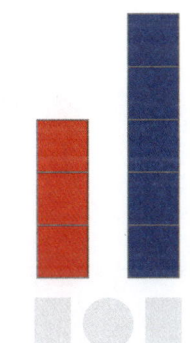

▢ ⬤ ▢   ▢ ⬤ ▢   ▢ ⬤ ▢   ▢ ⬤ ▢

4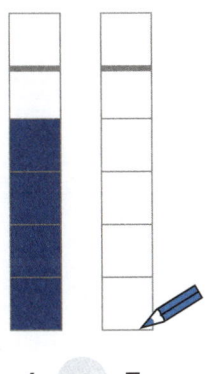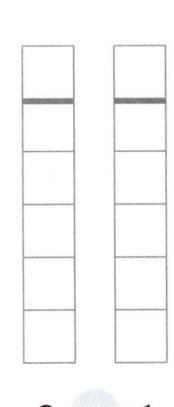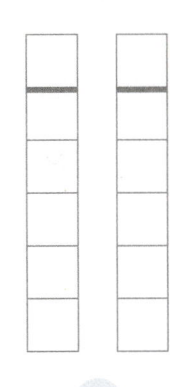

4 ⬤ 5   3 ⬤ 1   6 ⬤ 6

5
4 ⬤ 2   3 ⬤ 3   3 ⬤ 2
4 ⬤ 6   2 ⬤ 1   5 ⬤ 6
4 ⬤ 3   3 ⬤ 4   4 ⬤ 5

Zerlegen der Zahlen von 1 bis 6

1

   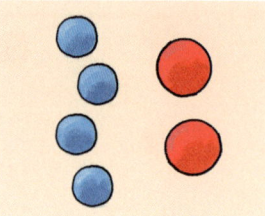

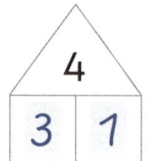 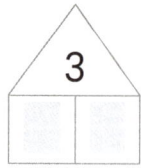 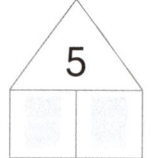 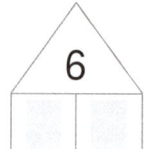

4 · 3 · 1

3

5

6

2

 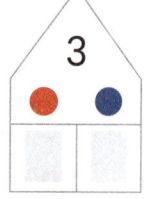  

4 · 1

3

4

5

3

3 · 1

4

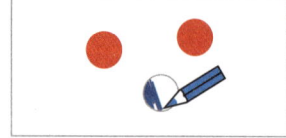 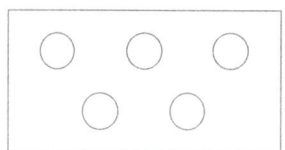 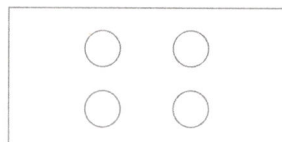 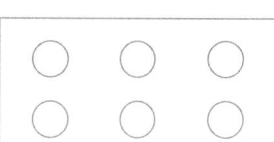

3 · 2 · 1

1 · 4

2 · 2

2 · 4

Addieren bis 6

1

$$1 \quad + \quad 3 \quad = \quad \boxed{}$$

2

$$\boxed{} \quad + \quad \boxed{} \quad = \quad \boxed{}$$

3

$$2 + 3 = \boxed{} \qquad\qquad \boxed{} + \boxed{} = \boxed{}$$

4

$$2 + 1 = \boxed{}$$

Ich kann auch legen.

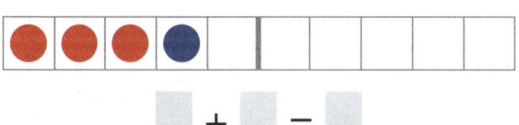

$$\boxed{} + \boxed{} = \boxed{}$$

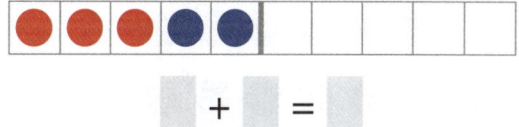

$$\boxed{} + \boxed{} = \boxed{}$$

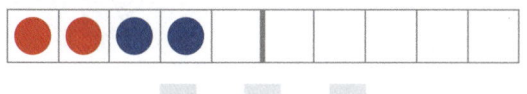

$$\boxed{} + \boxed{} = \boxed{}$$

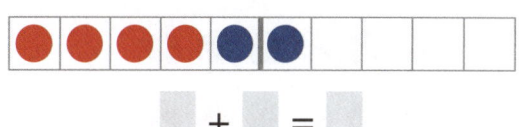

$$\boxed{} + \boxed{} = \boxed{}$$

Addieren bis 6

1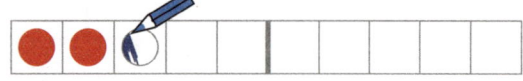

2 + 1 = ☐

3 + 1 = ☐

2 + 4 = ☐

1 + 4 = ☐

1 + 5 = ☐

2 + 3 = ☐

2

1 + 2 = ☐

☐ + ☐ = ☐

☐ + ☐ = ☐

☐ + ☐ = ☐

3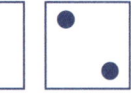

2 + 3 = ☐

4 + 1 = ☐

3 + 3 = ☐

3 + 1 = ☐

4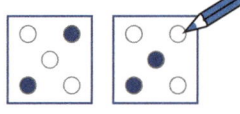

1 + 3 = ☐

3 + 1 = ☐

1 + 5 = ☐

☐ + ☐ = ☐

2 + 4 = ☐

☐ + ☐ = ☐

Das sind Tauschaufgaben.

Subtrahieren bis 6

1

4 — 1 = ☐

2

☐ — ☐ = ☐

3

5 – 1 = ☐   ☐ – ☐ = ☐

4

2 – 1 = ☐

Ich kann auch legen.

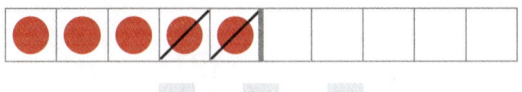

☐ – ☐ = ☐

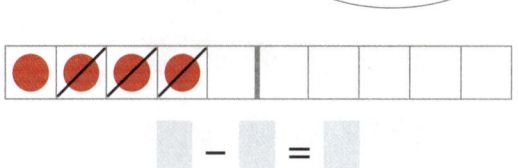

☐ – ☐ = ☐

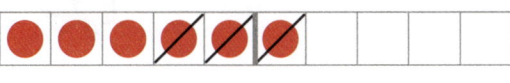

☐ – ☐ = ☐

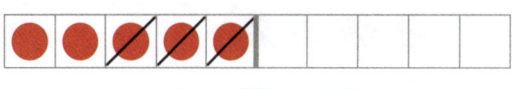

☐ – ☐ = ☐

Subtrahieren bis 6

1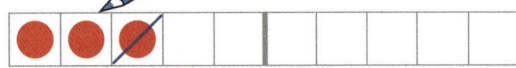

$3 - 2 = $ ☐

$2 - 1 = $ ☐

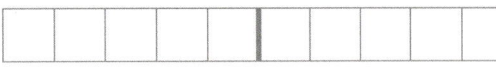

$6 - 4 = $ ☐

$4 - 2 = $ ☐

$5 - 2 = $ ☐

$3 - 1 = $ ☐

2

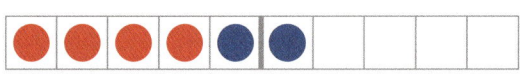

$4 + 2 = $ ☐

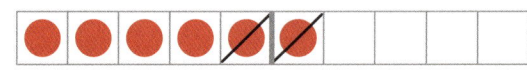

$6 - 2 = $ ☐

3

$4 - 3 = $ ☐

$1 + 3 = $ ☐

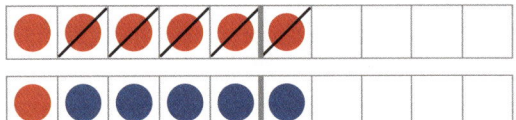

☐ $-$ ☐ $= $ ☐

☐ $+$ ☐ $= $ ☐

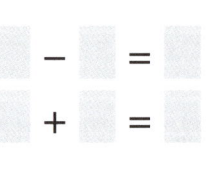

Das sind Umkehraufgaben.

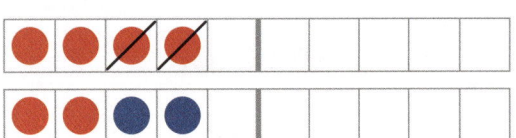

☐ $-$ ☐ $= $ ☐

☐ $+$ ☐ $= $ ☐

Addieren und Subtrahieren bis 6

1

$2 + 2 =$ ☐

$3 - 1 =$ ☐

$\_ + \_ =$ ☐

$\_ - \_ =$ ☐

$\_ + \_ =$ ☐

$\_ - \_ =$ ☐

2

$1 + 5 =$ ☐

$5 - 4 =$ ☐

$3 + 2 =$ ☐

$6 - 3 =$ ☐

3

$1 + 2 =$ ☐	$2 + 4 =$ ☐	$4 - 1 =$ ☐	$6 - 2 =$ ☐
$1 + 3 =$ ☐	$4 + 1 =$ ☐	$4 - 2 =$ ☐	$3 - 2 =$ ☐
$1 + 4 =$ ☐	$3 + 3 =$ ☐	$4 - 3 =$ ☐	$5 - 3 =$ ☐

4

$2 + 1 = 3$

$4 - 1 = 3$

+	1	2	3
2	3		

−	1	2	3
4	3		

Addieren und Subtrahieren bis 6

1

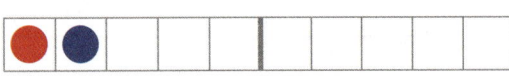

$$1 + \boxed{} = 2$$

$$3 + \boxed{} = 5$$

$$1 + \boxed{} = 4$$

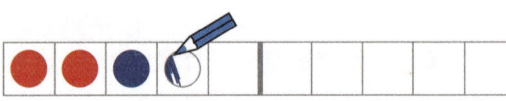

$$2 + \boxed{} = 4$$

$$4 + \boxed{} = 5$$

$$2 + \boxed{} = 5$$

2
$$4 + \boxed{} = 5 \qquad 3 + \boxed{} = 4$$
$$3 + \boxed{} = 5 \qquad 3 + \boxed{} = 5$$
$$2 + \boxed{} = 5 \qquad 3 + \boxed{} = 6$$

3
$$2 + \boxed{} = 3$$
$$4 + \boxed{} = 6$$
$$3 + \boxed{} = 5$$

4

$$2 - \boxed{} = 1$$

$$4 - \boxed{} = 2$$

$$5 - \boxed{} = 1$$

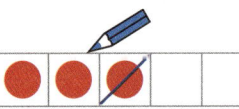

$$3 - \boxed{} = 1$$

$$5 - \boxed{} = 4$$

$$4 - \boxed{} = 1$$

5
$$5 - \boxed{} = 4 \qquad 3 - \boxed{} = 2$$
$$5 - \boxed{} = 3 \qquad 4 - \boxed{} = 2$$
$$5 - \boxed{} = 2 \qquad 5 - \boxed{} = 2$$

6
$$3 - \boxed{} = 2$$
$$6 - \boxed{} = 4$$
$$5 - \boxed{} = 3$$

Die Zahl 0

1

0 Plättchen

2

0 1 2 3 4 5 6 0 1 2

6 5 4 3 2 1 0 6 5 4

3

0 ⬤ 5

3 ⬤ 0

1 ⬤ 0

0 ⬤ 0

4 ⬤ 0

0 ⬤ 2

Null Lollies

4

4 − 2 = ▢

4 − 3 = ▢

4 − 4 = ▢

5

1 − 1 = ▢   0 + 4 = ▢

5 − 0 = ▢   3 + 0 = ▢

2 − 2 = ▢   0 + 5 = ▢

Die Zahlen 7 und 8

1

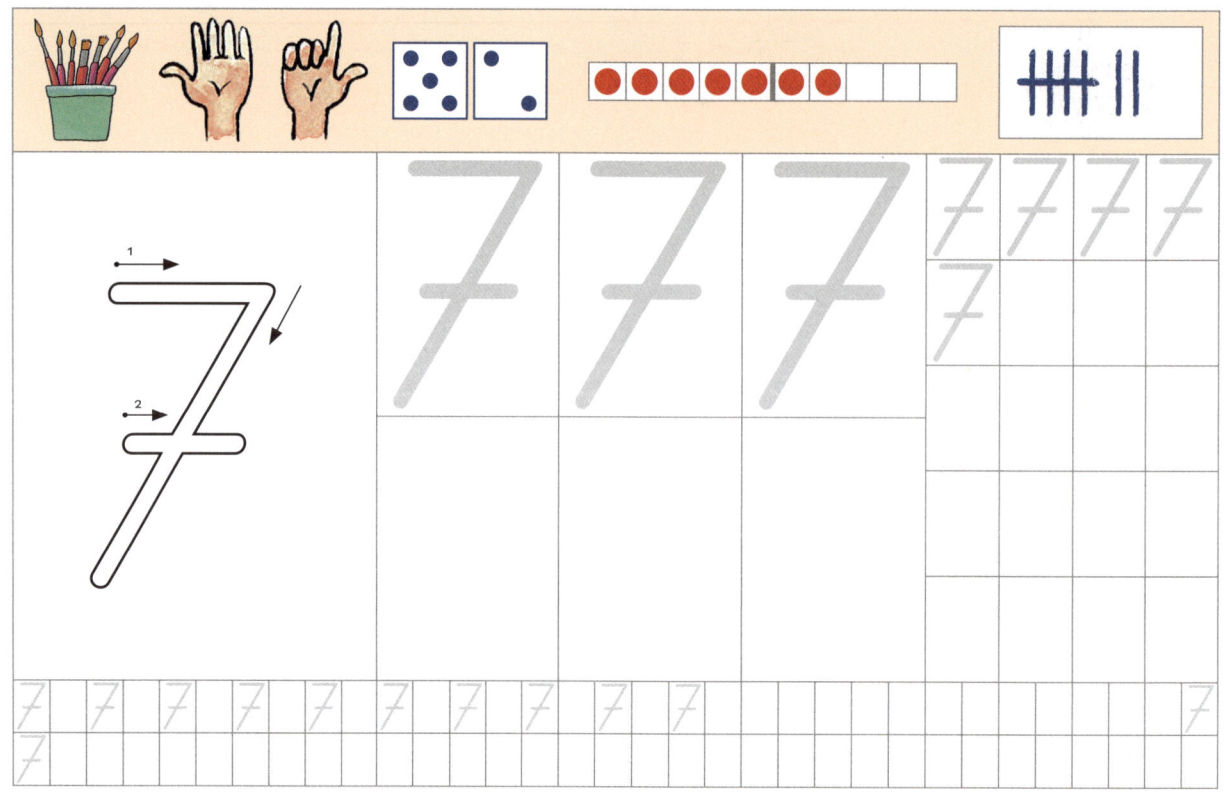

2

SB S. 34 bis 35   **ÜH** S. 16

Die Zahlen 9 und 10

1

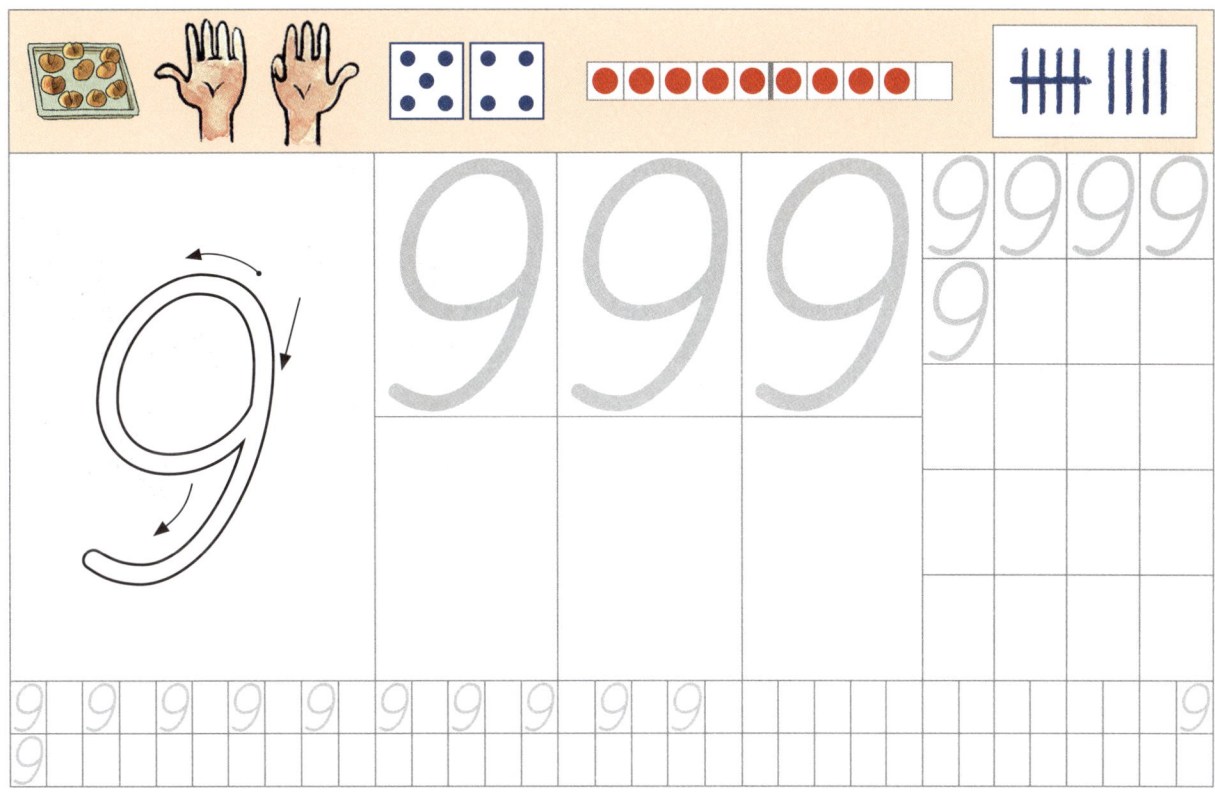

2

Vergleichen der Zahlen von 0 bis 10

1

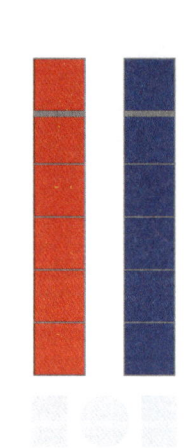
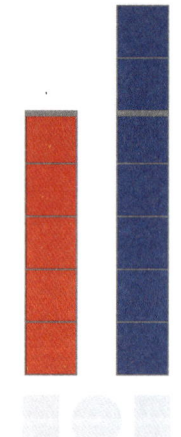

g ⬤ ▨   ▨ ⬤ ▨   ▨ ⬤ ▨

2

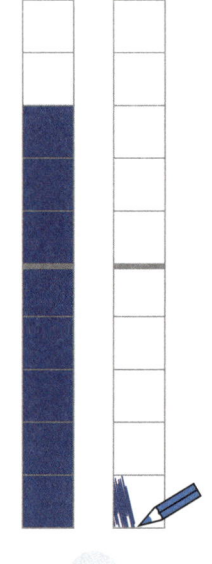
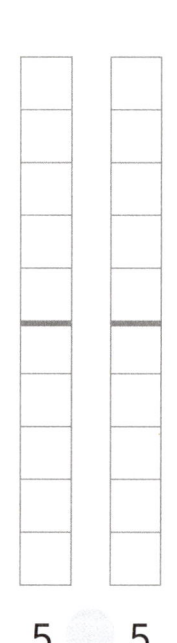
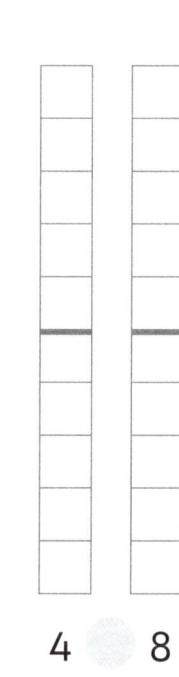
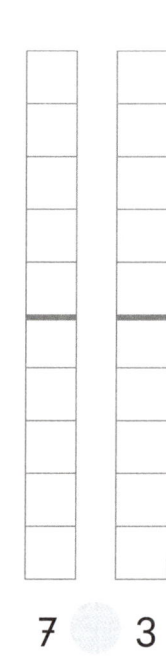

8 ⬤ 5   5 ⬤ 5   4 ⬤ 8   7 ⬤ 3

3

5 ⬤ 2	8 ⬤ 8	8 ⬤ 6
4 ⬤ 6	5 ⬤ 0	7 ⬤ 7
3 ⬤ 7	7 ⬤ 9	4 ⬤ 10

Es gibt mehrere Lösungen.

4

4 < ▢   6 < ▢   8 > ▢   10 > ▢

4 < ▢   6 < ▢   8 > ▢   10 > ▢

Zerlegen der Zahlen von 1 bis 10

1

2

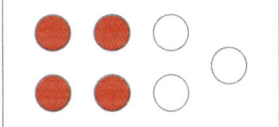   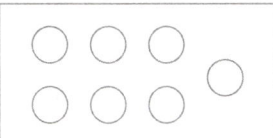

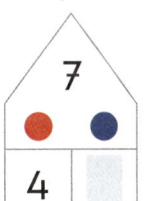 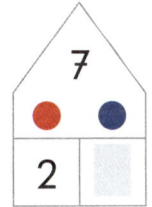 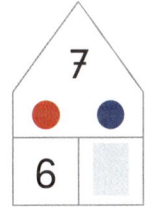 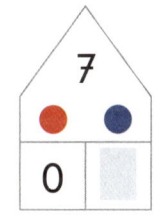

3

Orientieren im Zahlenraum bis 10

1

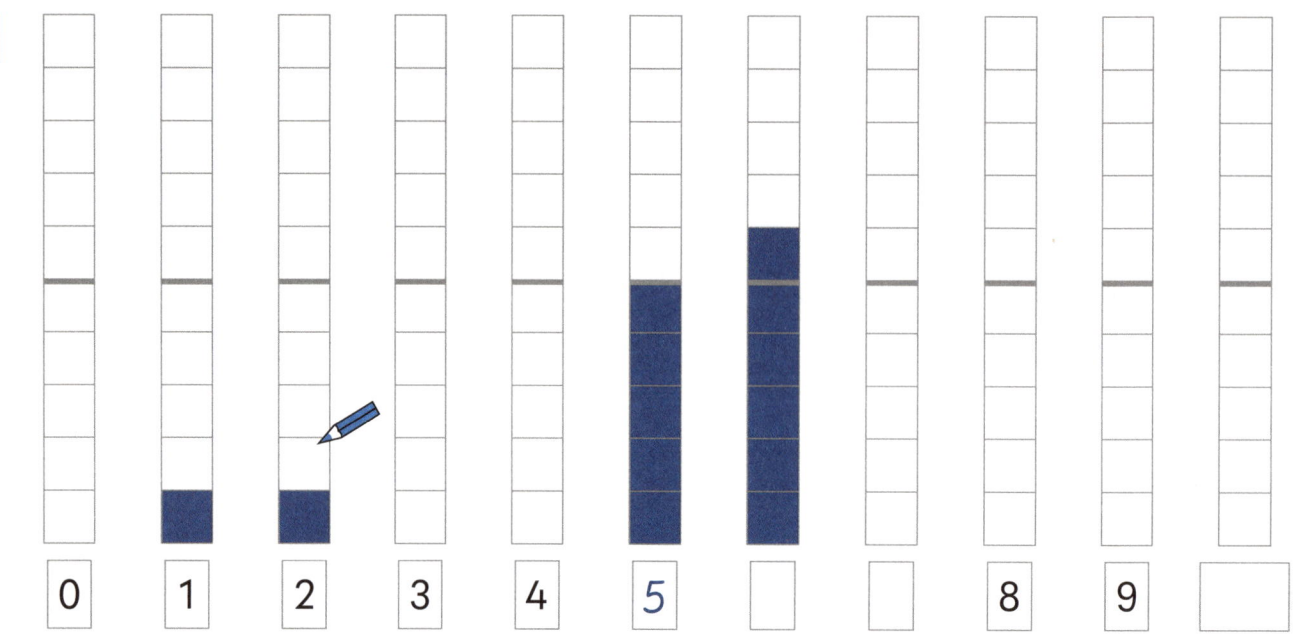

| 0 | 1 | 2 | 3 | 4 | 5 | | | 8 | 9 | |

2 Zähle vorwärts.

| 1 | 2 | | | 4 | | | | 3 | | | | 6 | | | | 8 | | |

3 Zähle rückwärts.

| 3 | 2 | | | 4 | | | | 7 | | | | 10 | | | | 8 | | |

4

Vorgänger	Zahl	Nachfolger
5	6	7

V	Z	N
2	3	

V	Z	N
	5	

V	Z	N
	4	

V	Z	N
	7	

V	Z	N
	8	

V	Z	N
	2	

Der Zahlenstrahl

1

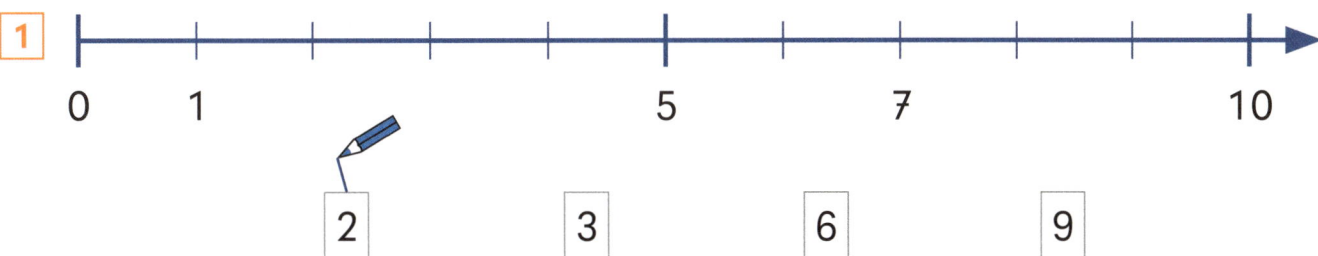

2

3

5 > ⬜   5 < ⬜
5 > ⬜   5 < ⬜
5 > ⬜   5 < ⬜

4

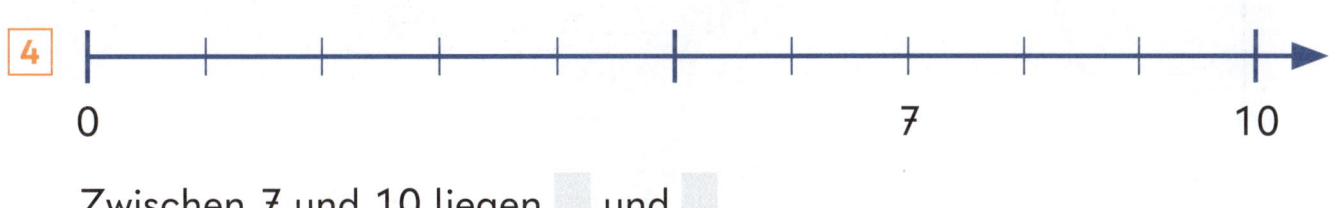

Zwischen 7 und 10 liegen ⬜ und ⬜.

5

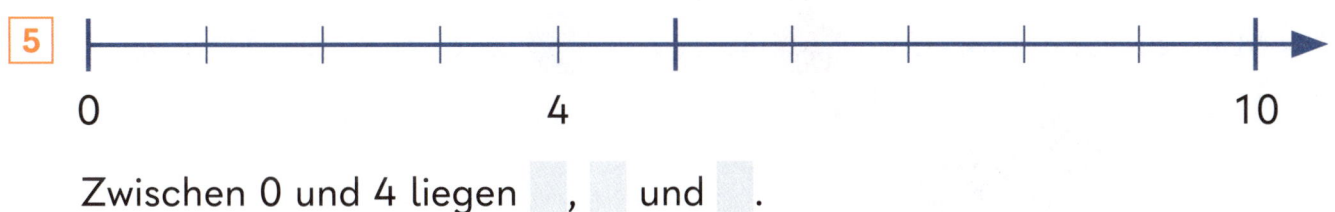

Zwischen 0 und 4 liegen ⬜, ⬜ und ⬜.

6

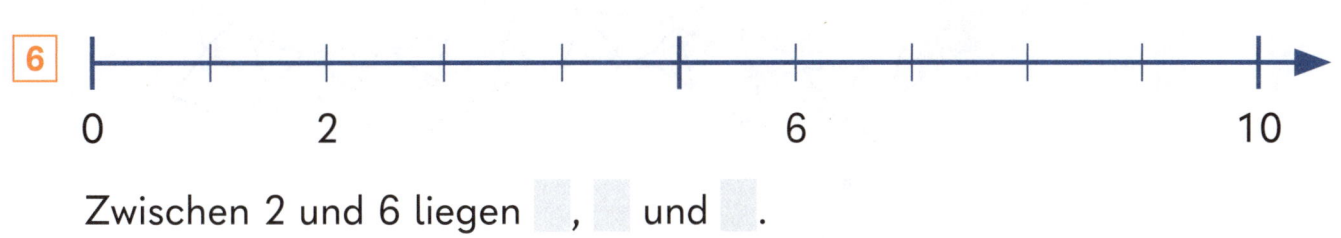

Zwischen 2 und 6 liegen ⬜, ⬜ und ⬜.

Ordnungszahlen

1

1. 2.

2

3 Male die Schleifen an. 1. 4. 7. 2. 5. 8. 3. 6. 9.

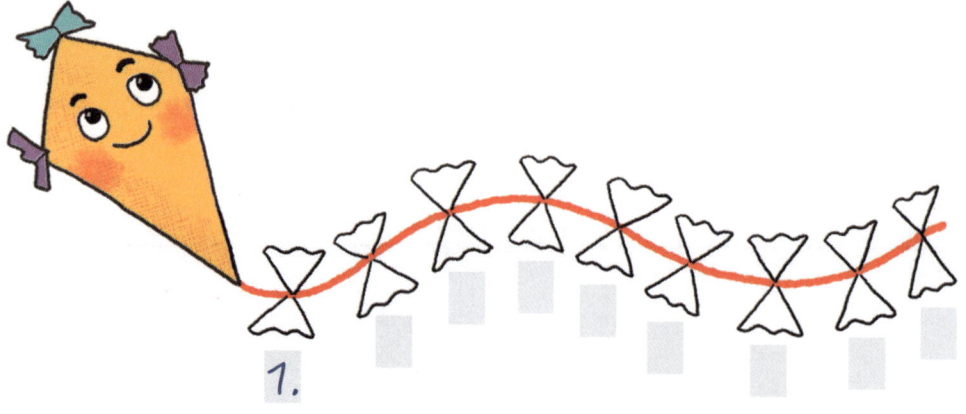

1.

Addieren bis 10

1

3 + 2 = ▢

4 + 3 = ▢

2
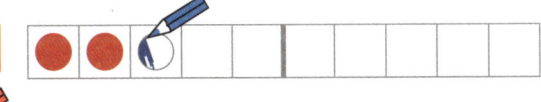

2 + 4 = ▢

3 + 5 = ▢

6 + 1 = ▢

7 + 2 = ▢

3

1 + 2 = ▢	8 + 2 = ▢	9 + 1 = ▢	4 + 4 = ▢
1 + 3 = ▢	3 + 4 = ▢	2 + 6 = ▢	2 + 5 = ▢
2 + 3 = ▢	7 + 0 = ▢	1 + 5 = ▢	5 + 5 = ▢▢

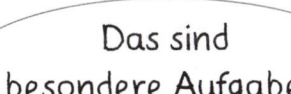
Das sind besondere Aufgaben.

4

4 + 2 = ▢

4 + 3 = ▢

4 + 4 = ▢

▢ + ▢ = ▢

▢ + ▢ = ▢

Immer 1 mehr

5 + 1 = ▢

5 + 2 = ▢

5 + 3 = ▢

▢ + ▢ = ▢

▢ + ▢ = ▢

Addieren bis 10

1

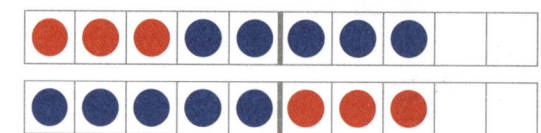

3 + 5 = ▊

▊ + ▊ = ▊

3 + 2 = ▊

▊ + ▊ = ▊

2

2 + 5 = ▊

▊ + ▊ = ▊

4 + 2 = ▊

▊ + ▊ = ▊

Aufgabe und Tauschaufgabe

3

| 2 + 4 = 6 | 1 + 7 = ▊ | 4 + 5 = ▊ | 7 + 0 = ▊ | 7 + 1 = ▊ |
| 0 + 7 = ▊ | 5 + 4 = ▊ | 3 + 6 = ▊ | 4 + 2 = ▊ | 6 + 3 = ▊ |

4

3 + 4 = ▊   2 + 6 = ▊   1 + 5 = ▊   5 + 3 = ▊

4 + 3 = ▊   ▊ + ▊ = ▊   ▊ + ▊ = ▊   ▊ + ▊ = ▊

5 + 3 = 8

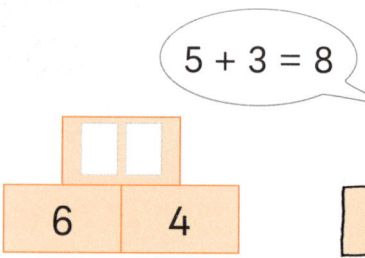

5

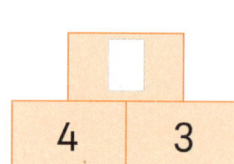

| 1 | 6 | | 4 | 3 | | 6 | 4 | | 5 | 3 |

Subtrahieren bis 10

1

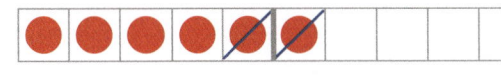

$$6 - 2 = \boxed{}$$

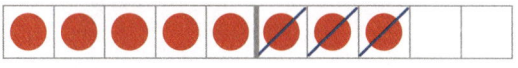

$$8 - 3 = \boxed{}$$

2

$$6 - 5 = \boxed{}$$

$$5 - 2 = \boxed{}$$

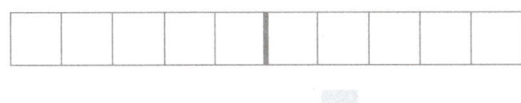

$$8 - 2 = \boxed{}$$

$$6 - 4 = \boxed{}$$

3

$6 - 3 = \boxed{}$	$8 - 1 = \boxed{}$	$6 - 1 = \boxed{}$	$8 - 6 = \boxed{}$
$8 - 4 = \boxed{}$	$9 - 9 = \boxed{}$	$9 - 2 = \boxed{}$	$7 - 5 = \boxed{}$
$7 - 6 = \boxed{}$	$10 - 8 = \boxed{}$	$8 - 5 = \boxed{}$	$9 - 6 = \boxed{}$

Das sind besondere Aufgaben.

4

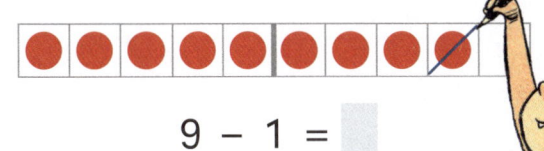

$$9 - 1 = \boxed{}$$
$$9 - 2 = \boxed{}$$
$$9 - 3 = \boxed{}$$
$$\boxed{} - \boxed{} = \boxed{}$$
$$\boxed{} - \boxed{} = \boxed{}$$

Immer 1 weniger

$$8 - 2 = \boxed{}$$
$$8 - 3 = \boxed{}$$
$$8 - 4 = \boxed{}$$
$$\boxed{} - \boxed{} = \boxed{}$$
$$\boxed{} - \boxed{} = \boxed{}$$

Subtrahieren bis 10

1

$9 - 4 =$ ☐

$5 + 4 =$ ☐

2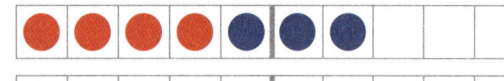

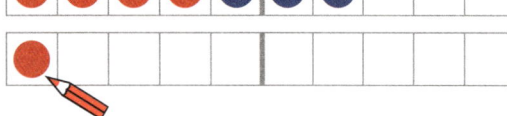

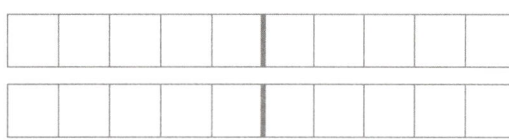

$4 + 3 =$ ☐

☐ $-$ ☐ $=$ ☐

$5 - 3 =$ ☐

☐ $+$ ☐ $=$ ☐

Aufgabe und Umkehraufgabe

3

| $6 - 2 = 4$ | $1 + 7 =$ ☐ | $4 + 3 =$ ☐ | $5 + 1 =$ ☐ | $8 - 7 =$ ☐ |
| $6 - 1 =$ ☐ | $7 - 3 =$ ☐ | $3 + 6 =$ ☐ | $4 + 2 =$ ☐ | $9 - 6 =$ ☐ |

4

$9 - 3 =$ ☐ $8 - 4 =$ ☐ $8 - 7 =$ ☐ $5 - 4 =$ ☐

$6 + 3 =$ ☐ ☐ $+$ ☐ $=$ ☐ ☐ $+$ ☐ $=$ ☐ ☐ $+$ ☐ $=$ ☐

$7 - 5 = 2$

5

| 6 |
| 2 | ☐ |

| 8 |
| 3 | ☐ |

| 7 |
| 6 | ☐ |

| 7 |
| 5 | 2 |

Addieren und Subtrahieren bis 10

1
1 + 3 =	6 + 2 =
3 + 4 =	5 + 4 =
2 + 8 =	4 + 6 =

2
5 – 4 =	10 – 4 =
3 – 3 =	9 – 3 =
4 – 2 =	7 – 6 =

3

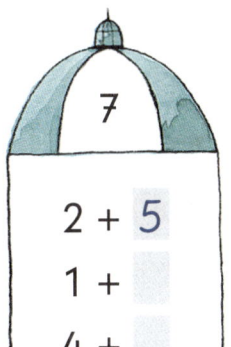

7
2 + 5
1 +
4 +

9
5 +
3 +
_ +

4

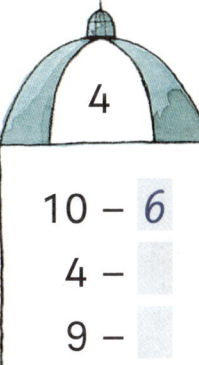

4
10 – 6
4 –
9 –

1
6 –
7 –
_ –

5

2 + 4

$2 \xrightarrow{+4}$

$3 \xrightarrow{+5}$

$1 \xrightarrow{+7}$

$7 \xrightarrow{-3}$

$4 \xrightarrow{-3}$

$8 \xrightarrow{-8}$

7 – 3

6

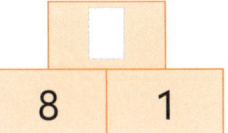    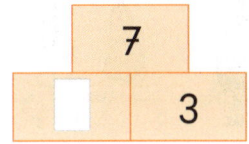

8   1   3   5   7 / 3   8 / 2

7

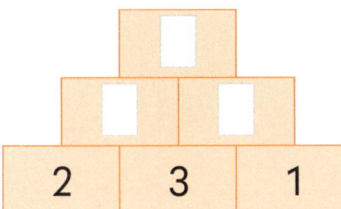   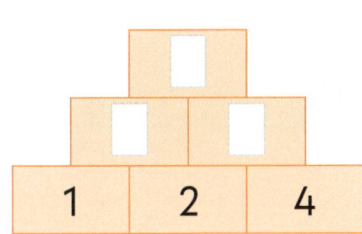 

2   3   1   1   2   4

Addieren und Subtrahieren bis 10

1

| 2 + 0 | 8 + 1 | 7 + 3 | 1 + 2 |

2   **3**   **9**   **10**

| 6 − 3 | 5 − 3 | 10 − 1 | 8 − 5 |

2

4 + 2 + 3 =

3

3 + 2 + 3 =

1 + 4 + 1 =

4 + 1 + 2 =

4

9 − 3 − 4 =

5

8 − 2 − 3 =

9 − 5 − 3 =

5 − 1 − 2 =

Addieren und Subtrahieren bis 10

1 Berechne die Summe aus 3 und 4.

$3 + 4 = $ ⬚ | Summand |—| Summand |— Summe

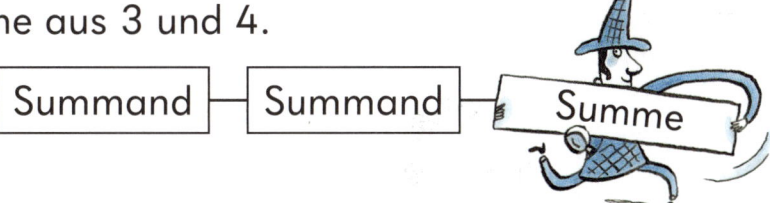

2 Berechne die Differenz aus 8 und 5.

$8 - 5 = $ ⬚ | Minuend |—| Subtrahend |—| Differenz |

3

+	2	3	4
4			
5			

4

−	4	3	5
6			
7			

5 Setze das richtige Zeichen ein: < , > , = .

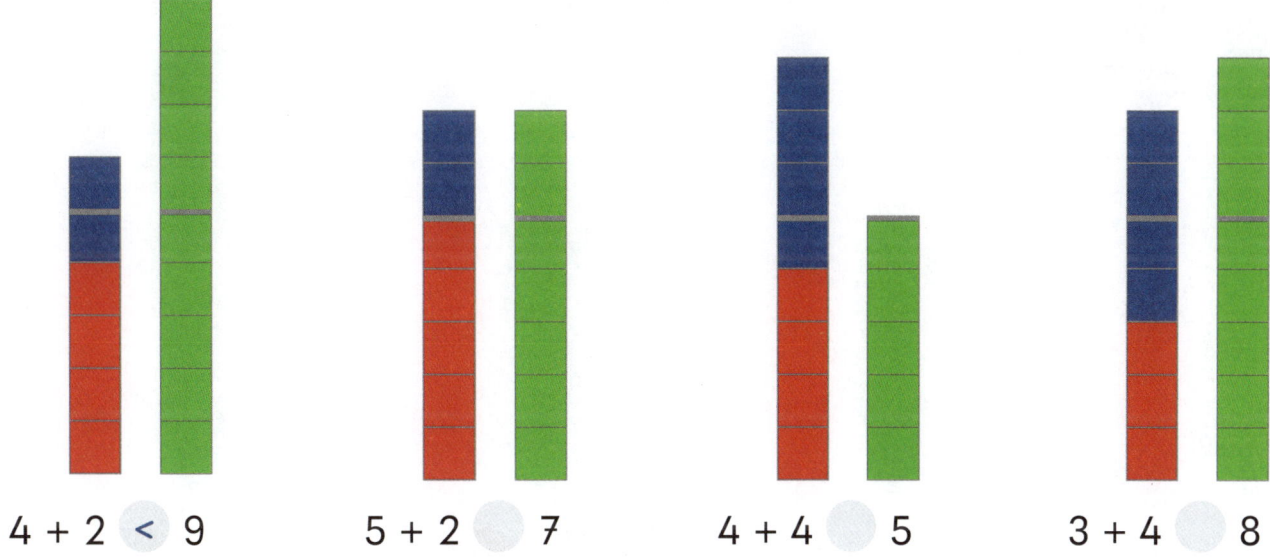

$4 + 2$ < 9 $5 + 2$ ◯ 7 $4 + 4$ ◯ 5 $3 + 4$ ◯ 8

6 Setze das richtige Zeichen ein: < , > , = .

$4 + 3$ ◯ 8 $3 + 4$ ◯ 6 $10 - 4$ ◯ 6 $9 - 3$ ◯ 7

$3 + 5$ ◯ 2 $5 + 2$ ◯ 9 $8 - 6$ ◯ 1 $7 - 2$ ◯ 4

Aufgabenfamilien

1 ④ ⑤ ⑨

$4 + 5 =$
$5 + 4 =$
$9 - 5 =$
$9 - 4 =$

Immer
2 Aufgaben mit +
und 2 Aufgaben mit –
sind eine
Aufgabenfamilie.

③ ⑥ ⑨

$3 + 6 =$
$6 + 3 =$
$9 - 6 =$
$9 - 3 =$

② ⑤ ⑦

$2 + 5 =$
$5 + 2 =$
$7 - 5 =$
$7 - 2 =$

③ ⑦ ④

$4 + 3 =$
$3 + 4 =$
$7 - 3 =$
$7 - 4 =$

2 ③ ⑤ ⑧

$3 + 5 =$
$ + =$
$ - =$
$ - =$

① ⑥ ⑦

$ + =$
$ + =$
$ - =$
$ - =$

④ ② ⑥

$ + =$
$ + =$
$ - =$
$ - =$

3 Finde selbst Aufgabenfamilien.

② ⑦ ●

$ + =$
$ + =$
$ - =$
$ - =$

 ⑨

$ + =$
$ + =$
$ - =$
$ - =$

$ + =$
$ + =$
$ - =$
$ - =$

Sachaufgaben – Rechengeschichten

 Finde die passende Aufgabe. Verbinde.

$2 + 5 =$

$3 + 2 =$

$8 - 3 =$

$4 - 1 =$

3 Finde eine passende Aufgabe.

■ ● ■ = ■

■ ● ■ = ■

Geldwerte von 1 Cent bis 10 Cent

1

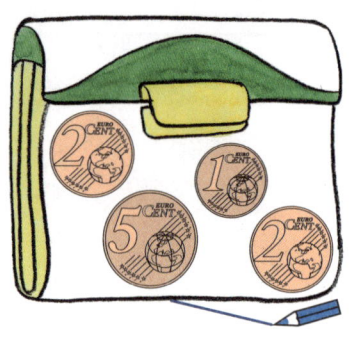

8 ct

4 ct

10 ct

2

ct

ct

ct

3 Lege und male.

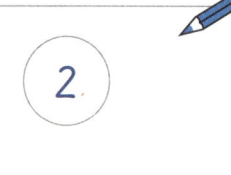

3 ct

5 ct

9 ct

4 Lege und male.

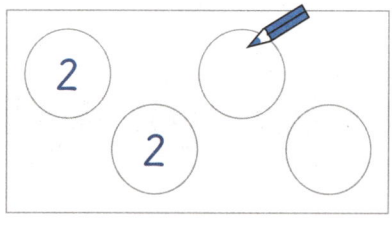

8 ct

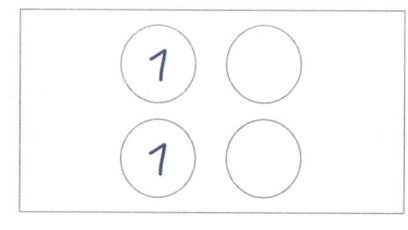

4 ct

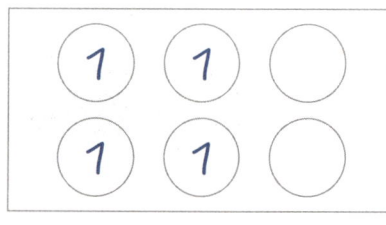

6 ct

Geldwerte von 1 Cent bis 10 Cent

1 Lege, male und rechne.

5 ct + 2 ct = ⬜ ct

4 ct + 3 ct = ⬜ ct

6 ct + 2 ct = ⬜ ct

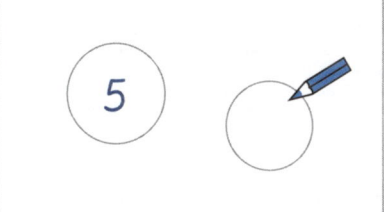

2

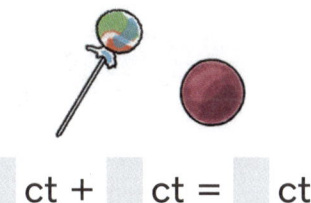

⬜ ct + ⬜ ct = ⬜ ct

⬜ ct + ⬜ ct = ⬜ ct

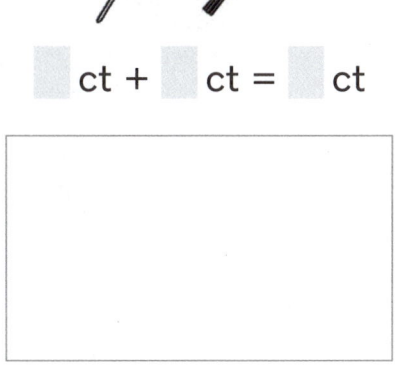

⬜ ct + ⬜ ct = ⬜ ct

Geldwerte von 1 Euro bis 10 Euro

1

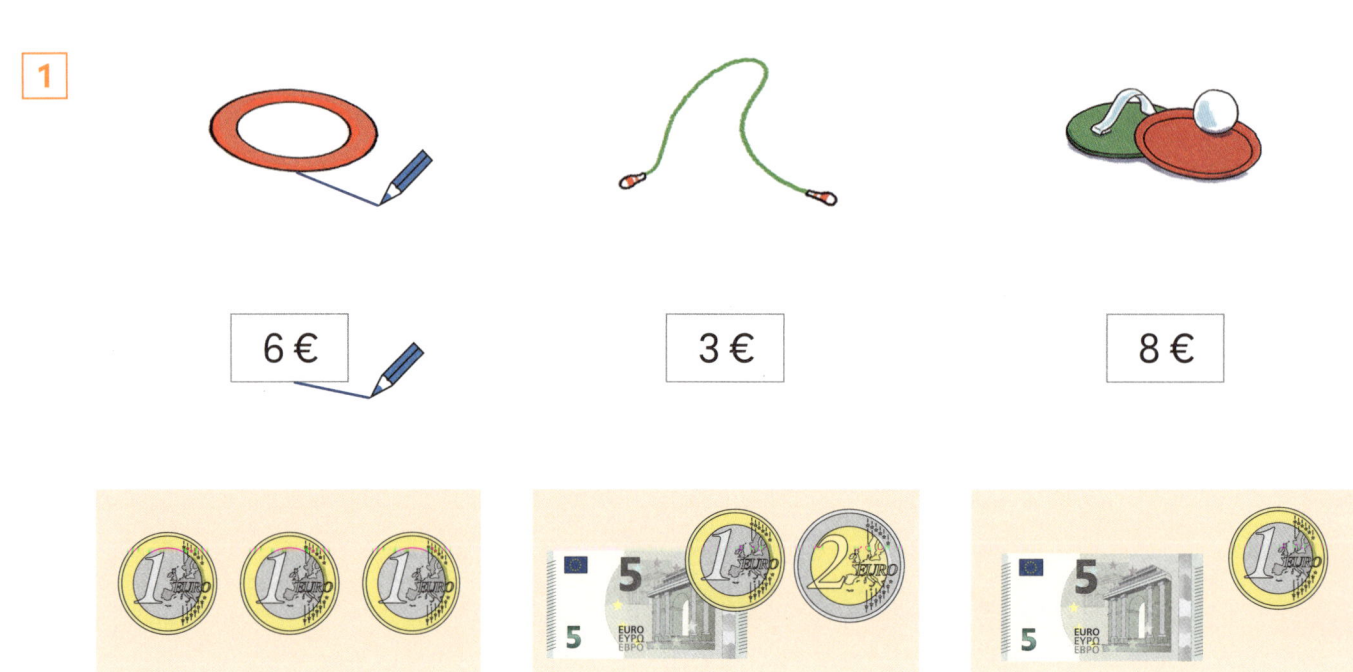

| 6 € | 3 € | 8 € |

2 Lege und male.

_____ €   _____ €   _____ €

Geldwerte von 1 Euro bis 10 Euro

1 Bezahle auf verschiedene Weise.

 5 € (2) (2) () oder

 8 € [   ] oder [   ]

2 Wie viel musst du bezahlen?

 5 €   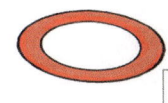 3 €

   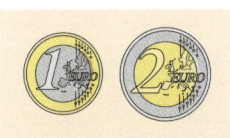

5 € + 3 € = ☐ €

 2 €   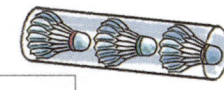 7 €

☐ € + ☐ € = ☐ €

 6 €   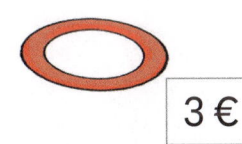 3 €

☐ € + ☐ € = ☐ €

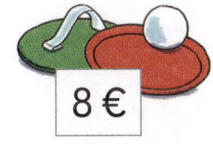 8 €    2 €

☐ € + ☐ € = ☐ €

3 Lege und rechne.

4 € + 4 € = ☐ €   10 € − 6 € = ☐ €

5 € + 2 € = ☐ €   8 € − 5 € = ☐ €

Würfel, Quader, Kugel

1

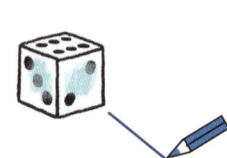   

2 Male aus und zähle.

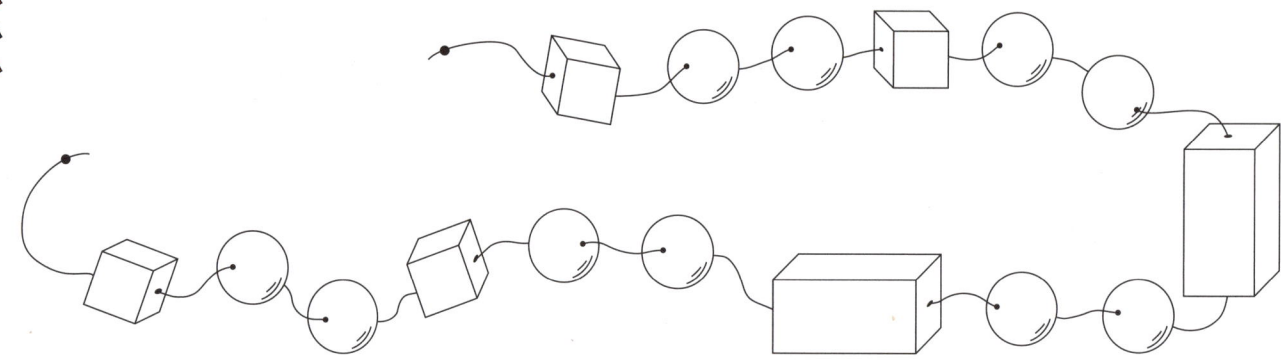

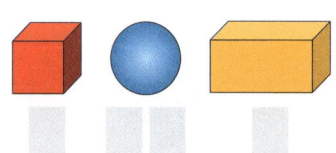

Bauen mit Würfeln

1 Male aus und zähle.

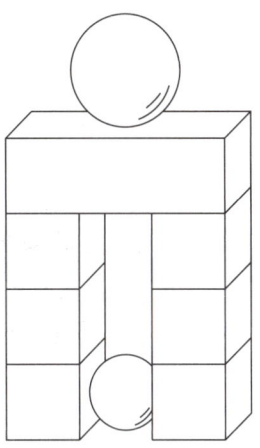

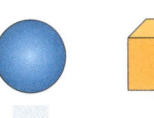

2 Baue nach und zähle.

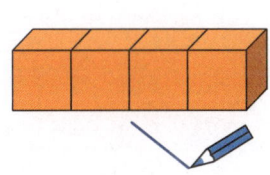

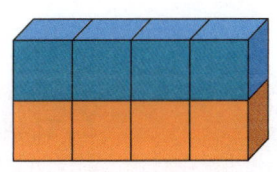

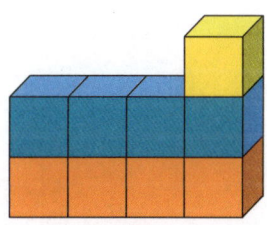

8 Würfel	9 Würfel	4 Würfel

3 Baue nach und zähle.

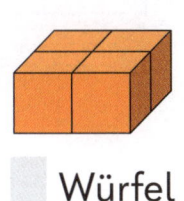

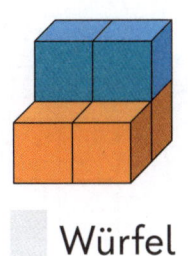

_____ Würfel   _____ Würfel   _____ Würfel

Raumvorstellung

1 Welches Bild passt?

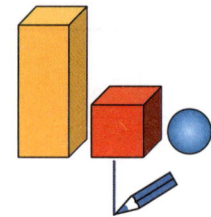

Du kannst auch ausmalen.

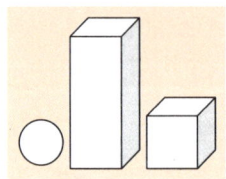   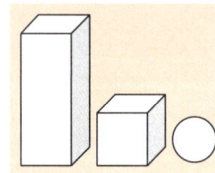   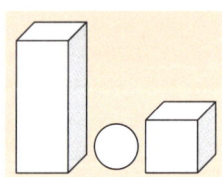

2 Welches Bild passt?

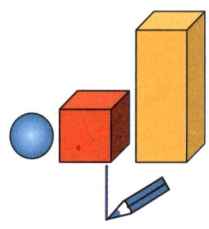

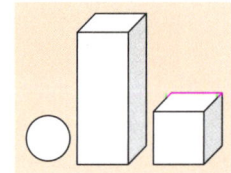   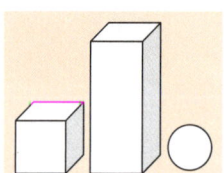   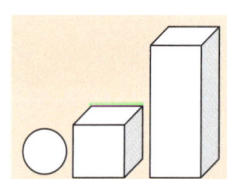

3 Lies. Male den Würfel blau aus.

links	rechts	in der Mitte

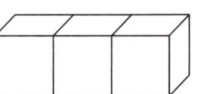   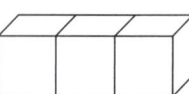   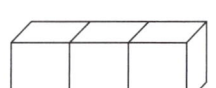

oben rechts	oben links	unten rechts

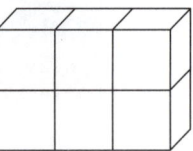   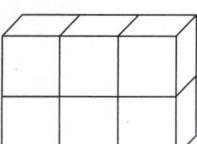   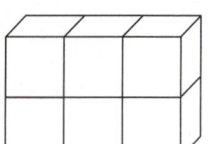

Die Zahlen von 11 bis 20

1  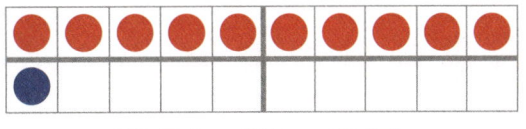 elf

$$10 + 1 = \boxed{}\boxed{}$$

 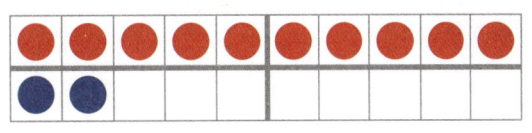 zwölf

$$\boxed{}\boxed{} + \boxed{} = \boxed{}\boxed{}$$

 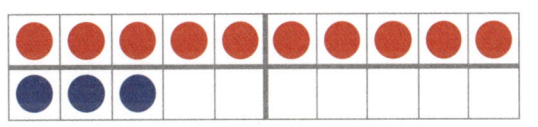 dreizehn

$$\boxed{}\boxed{} + \boxed{} = \boxed{}\boxed{}$$

2 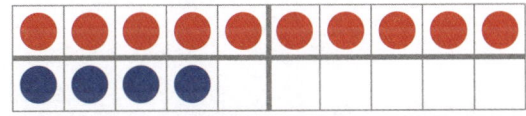   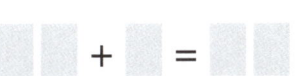    vierzehn

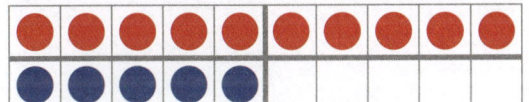   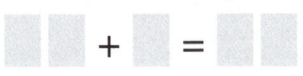   fünfzehn

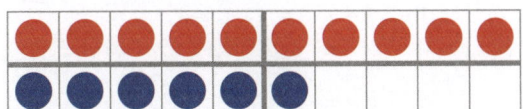   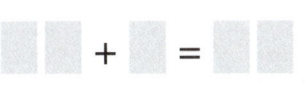   sechzehn

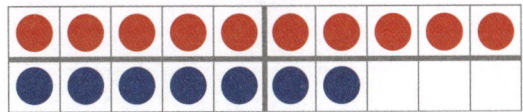   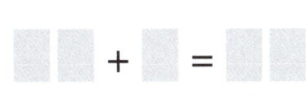   siebzehn

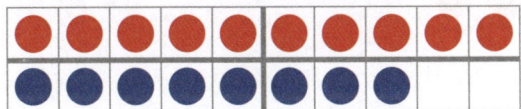   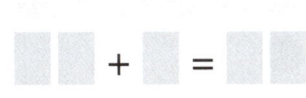   achtzehn

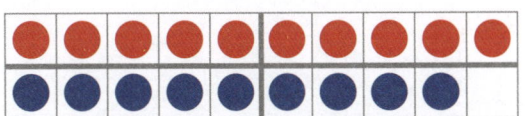   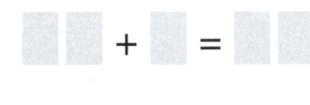   neunzehn

      zwanzig

Zehner und Einer

1

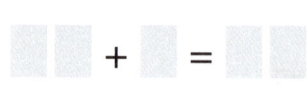
$$10 + 3 = \square\square$$

Z	E

$$\square\square + \square = \square\square$$

Z	E

$$\square\square + \square = \square\square$$

Z	E

2

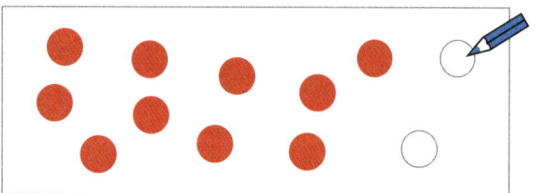

$$\square\square + \square = \square\square$$

Z	E

$$\square\square + \square = \square\square$$

Z	E

$$\square\square + \square = \square\square$$

Z	E

3

Z	E
1	1

$$\square\square + \square = \square\square$$

Z	E
1	6

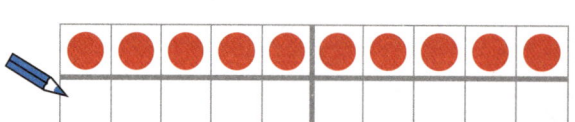

$$\square\square + \square = \square\square$$

Z	E
1	8

$$\square\square + \square = \square\square$$

Orientieren in der Zwanzigertafel

1 Trage die fehlenden Zahlen ein.

1	2		4		6	7		9	10
11	12		14		16	17		19	20

2 Welche Zahlen sind versteckt?

1		3	4	5	6		8	9	10
	12	13	14	15		17	18		

3 Ordne die fehlenden Zahlen zu.

4	5	6	7
14	15		

7		9	
		18	

5	16	17

10	8	17

Vergleichen und Ordnen der Zahlen bis 20

1

4 ⬤ ☐☐   14 ⬤ ☐ ☐   ☐ ⬤ ☐☐   ☐☐ ⬤ ☐☐

2 Setze das richtige Zeichen ein: < , > , = .

6 ⬤ 4   2 ⬤ 5   9 ⬤ 9   3 ⬤ 1

16 ⬤ 14   12 ⬤ 15   19 ⬤ 19   13 ⬤ 11

3

14 ⬤ 14   15 ⬤ 15   5 ⬤ 15

17 ⬤ 16   12 ⬤ 11   19 ⬤ 6

16 ⬤ 20   10 ⬤ 18   0 ⬤ 7

4 Ordne. Beginne mit der kleinsten Zahl.

| 15 | 17 | ~~11~~ | 11 , ☐☐ , ☐☐

| 16 | 9 | 14 | ☐ , ☐☐ , ☐☐

5 Ordne. Beginne mit der größten Zahl.

| 10 | 7 | 19 | ☐☐ , ☐☐ , ☐

| 20 | 14 | 17 | ☐☐ , ☐☐ , ☐☐

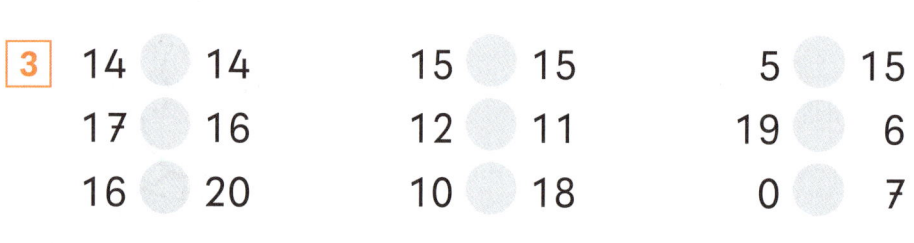
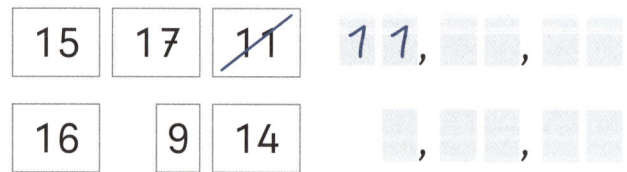
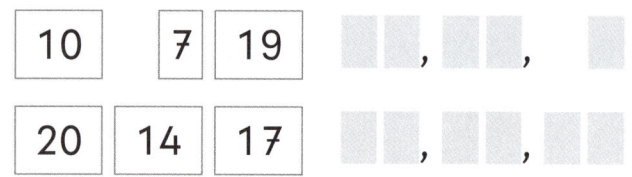

Vorgänger und Nachfolger

1

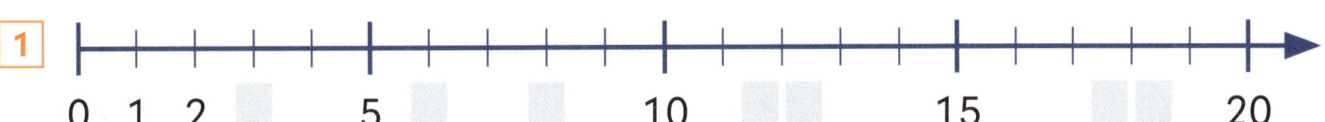

0 1 2 ▢ 5 ▢ ▢ 10 ▢ ▢ 15 ▢ ▢ 20

2

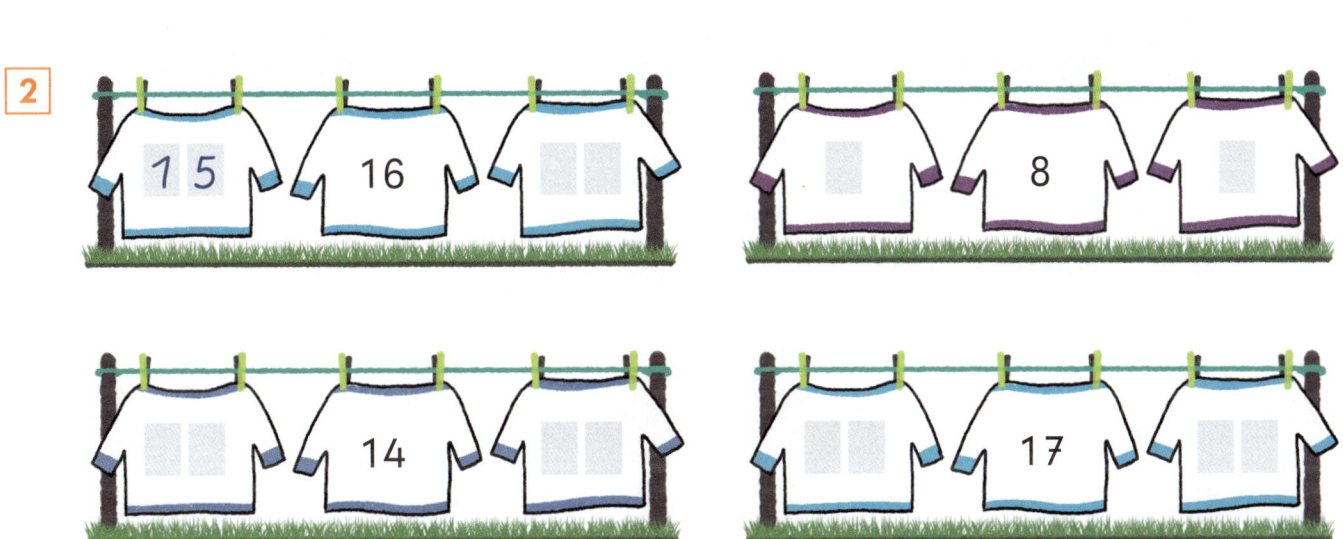

3

4	V	Z	N
	▢	5	▢
	▢	12	▢
	▢	15	▢

5	V	Z	N
	9	▢	▢
	16	▢	▢
	12	▢	▢

6	V	Z	N
	▢	▢	10
	▢	▢	15
	▢	▢	17

Gerade und ungerade Zahlen

4 ist eine gerade Zahl.

3 ist eine ungerade Zahl.

1 Male an: **gerade Zahlen grün**, **ungerade Zahlen orange**.

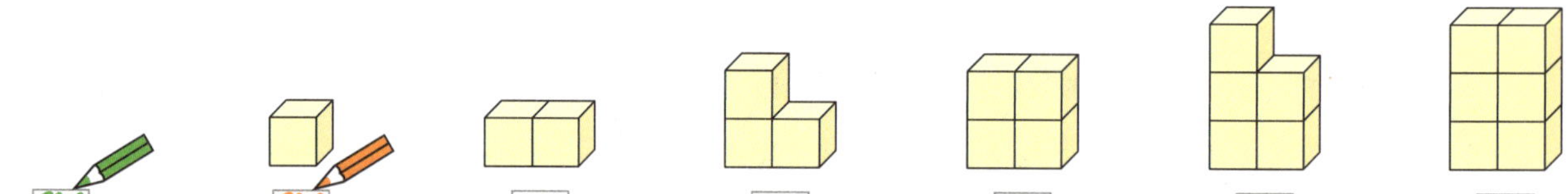

| 0 | 1 | 2 | 3 | 4 | 5 | 6 |

| 7 | 8 | 9 | 10 | 11 | 12 | 13 |

| 14 | 15 | 16 | 17 | 18 | 19 | 20 |

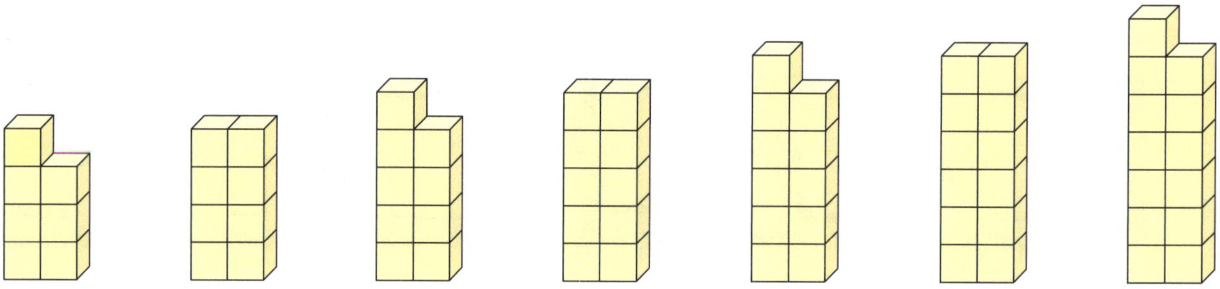

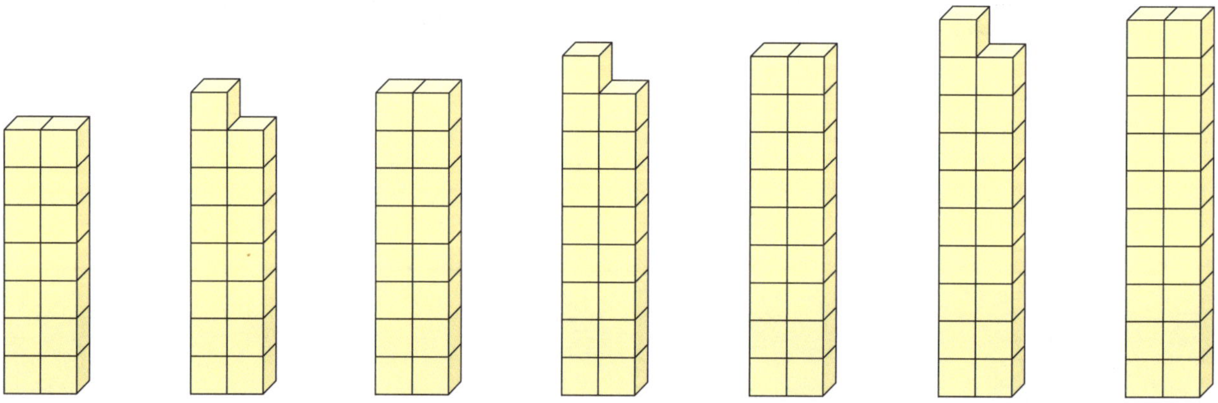

Addieren ohne Zehnerübergang

1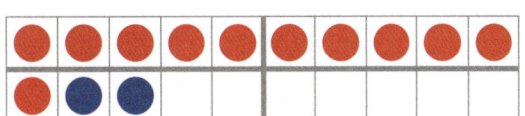

$1 + 2 =$ ☐

$11 + 2 =$ ☐☐

2

$5 + 3 =$ ☐

$15 + 3 =$ ☐☐

$2 + 4 =$ ☐

$12 + 4 =$ ☐☐

Die kleine Aufgabe hilft.

3

$4 + 3 =$ ☐

$14 + 3 =$ ☐☐

$7 + 2 =$ ☐

☐☐ $+$ ☐ $=$ ☐☐

$2 + 3 =$ ☐

☐☐ $+$ ☐ $=$ ☐☐

4

☐ $+$ ☐ $=$ ☐

$11 + 6 =$ ☐☐

☐ $+$ ☐ $=$ ☐

$15 + 4 =$ ☐☐

☐ $+$ ☐ $=$ ☐

$13 + 5 =$ ☐☐

5  $2 + 4$

$12 + 4 =$ ☐☐
$12 + 5 =$ ☐☐
$12 + 6 =$ ☐☐

$11 + 6 =$ ☐☐
$11 + 7 =$ ☐☐
$11 + 8 =$ ☐☐

$15 + 1 =$ ☐☐
$15 + 2 =$ ☐☐
$15 + 3 =$ ☐☐

Addieren ohne Zehnerübergang

1

13 + 2 = ▢▢   16 + 1 = ▢▢   14 + 4 = ▢▢

13 + 3 = ▢▢   16 + 2 = ▢▢   14 + 3 = ▢▢

13 + 4 = ▢▢   16 + 3 = ▢▢   14 + 2 = ▢▢

2

+	3	4	5
11			
12			

+	2	3	4
14			
15			

3

14 + 1 = ▢▢   17 + 2 = ▢▢   16 + 0 = ▢▢

13 + 5 = ▢▢   12 + 3 = ▢▢   17 + 1 = ▢▢

11 + 3 = ▢▢   15 + 2 = ▢▢   14 + 6 = ▢▢

4

5 + 13 = ▢▢

13 + 5 = ▢▢

Die Tauschaufgabe ist leichter.

5

15 + 1

1 + 15 = ▢▢   3 + 12 = ▢▢

7 + 11 = ▢▢   6 + 10 = ▢▢

5 + 13 = ▢▢   2 + 16 = ▢▢

6

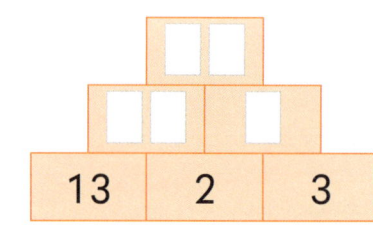

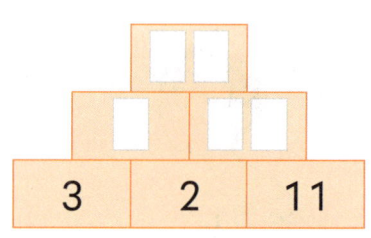

Subtrahieren ohne Zehnerübergang

1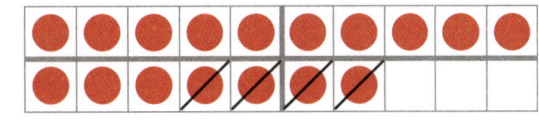

$7 - 4 = $ ▢

$17 - 4 = $ ▢▢

2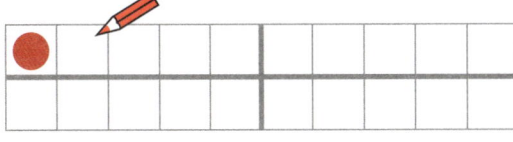

$5 - 4 = $ ▢

$15 - 4 = $ ▢▢

$4 - 2 = $ ▢

$14 - 2 = $ ▢▢

Die kleine Aufgabe hilft.

3

$4 - 3 = $ ▢

$14 - 3 = $ ▢▢

$7 - 6 = $ ▢

▢ $- $ ▢ $= $ ▢▢

$6 - 3 = $ ▢

▢ $- $ ▢ $= $ ▢▢

4

▢ $- $ ▢ $= $ ▢

$18 - 4 = $ ▢▢

▢ $- $ ▢ $= $ ▢

$15 - 2 = $ ▢▢

▢ $- $ ▢ $= $ ▢

$19 - 7 = $ ▢▢

5  ($6 - 1$)

$16 - 1 = $ ▢▢

$16 - 2 = $ ▢▢

$16 - 3 = $ ▢▢

$14 - 2 = $ ▢▢

$14 - 3 = $ ▢▢

$14 - 4 = $ ▢▢

$18 - 6 = $ ▢▢

$18 - 5 = $ ▢▢

$18 - 4 = $ ▢▢

Subtrahieren ohne Zehnerübergang

1
15 – 1 =
18 – 8 =
13 – 2 =

15 – 2 =
18 – 7 =
14 – 2 =

15 – 3 =
18 – 6 =
15 – 2 =

2

–	3	4	5
16			
17			

–	2	3	4
15			
18			

3
14 – 1 =
17 – 2 =
16 – 0 =

15 – 4 =
18 – 3 =
17 – 1 =

16 – 3 =
16 – 2 =
17 – 4 =

4

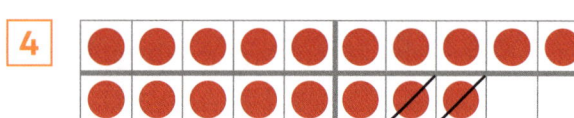

18 – 2 =

16 + 2 =

Ich kann mit der Umkehraufgabe kontrollieren.

5 Rechne. Kontrolliere mit der Umkehraufgabe.

17 – 3 =
17 – 2 =
14 – 3 =

+ 3 =
+ 2 =
+ 3 =

19 – 6 =
15 – 4 =
19 – 9 =

+ =
+ =
+ =

Addieren und Subtrahieren ohne Zehnerübergang

1

$14 + 4 = \square\square$ $6 + 12 = \square\square$ $15 - 4 = \square\square$ $18 - 1 = \square\square$

$3 + 15 = \square\square$ $13 + 4 = \square\square$ $18 - 6 = \square\square$ $20 - 0 = \square\square$

$16 + 4 = \square\square$ $5 + 14 = \square\square$ $17 - 6 = \square\square$ $16 - 6 = \square\square$

2 Bilde Aufgabenfamilien.

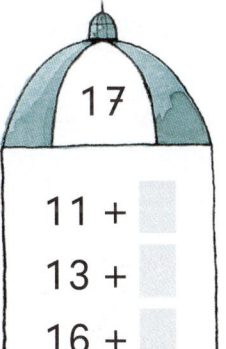

$3 + 15 = \square\square$
$\square + \square = \square$
$\square - \square = \square$
$\square - \square = \square$

$\square + \square = \square$
$\square + \square = \square$
$\square - \square = \square$
$\square - \square = \square$

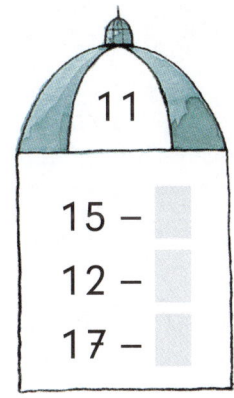

$\square + \square = \square$
$\square + \square = \square$
$\square - \square = \square$
$\square - \square = \square$

3

17
$11 + \square$
$13 + \square$
$16 + \square$

20
$\square + 5$
$\square + 3$
$\square + 8$

11
$15 - \square$
$12 - \square$
$17 - \square$

14
$15 - \square$
$18 - \square$
$19 - \square$

4

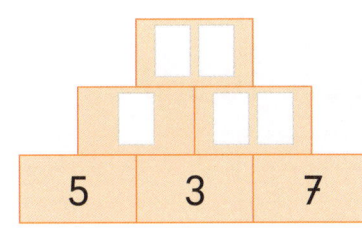

Addieren und Subtrahieren ohne Zehnerübergang

1  | 11 + 4 | | 6 + 14 | | 11 + 8 | | 5 + 15 | | 2 + 15 |

 **15**  **17**  **19**  **20**

| 18 – 3 | | 20 – 3 | | 15 – 0 | | 20 – 1 | | 17 – 2 | | 19 – 2 |

2

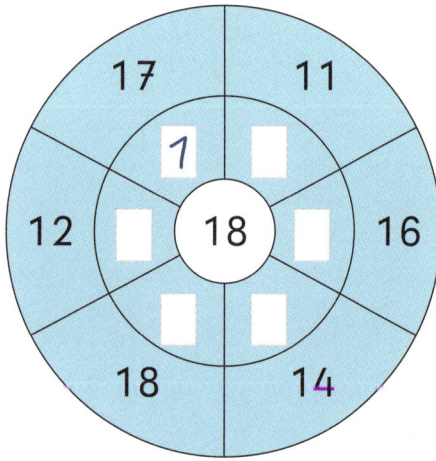

17 + 1 = 18

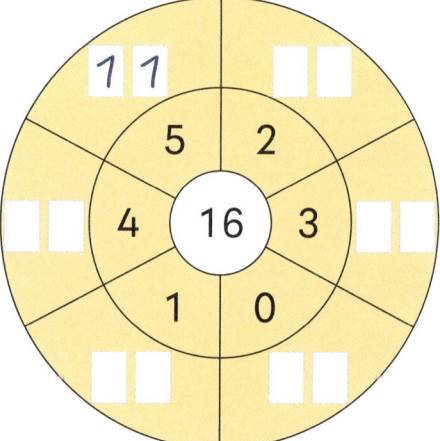

3 Die Summanden sind 12 und 6. Berechne die Summe.

 + ⬜ = ⬜⬜ | Summand |─| Summand |─| Summe |

4 Berechne die Differenz aus 16 und 5.

 – ⬜ = ⬜⬜ | Minuend |─| Subtrahend |─| Differenz |

Verdoppeln und Halbieren

1

$7 + 7 = \ \square\square$ $5 + 5 = \ \square\square$ $3 + 3 = \ \square$

2 Verdopple.

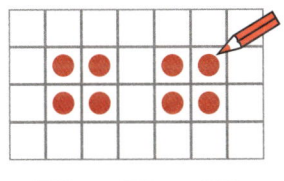   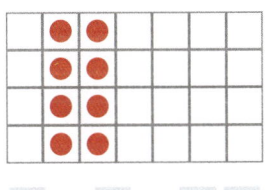   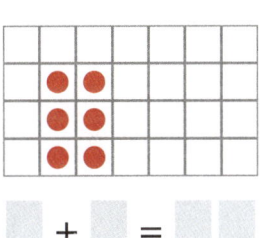

$4 + 4 = \ \square$ $\square + \square = \square\square$ $\square + \square = \square\square$

3

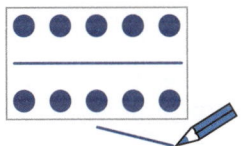   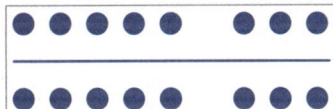   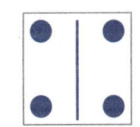

$\square\square = 8 + 8$ $\square = 2 + 2$ $\square\square = 5 + 5$

4 Halbiere.

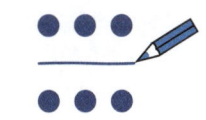      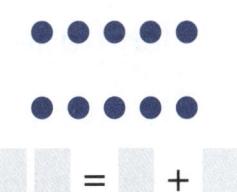

$6 = 3 + \square$ $\square\square = \square + \square$ $\square\square = \square + \square$

Sachaufgaben

1 Welche Aufgabe passt zum Bild? Verbinde und rechne.

$$6 + 1 = $$

$$5 - 2 = $$

2

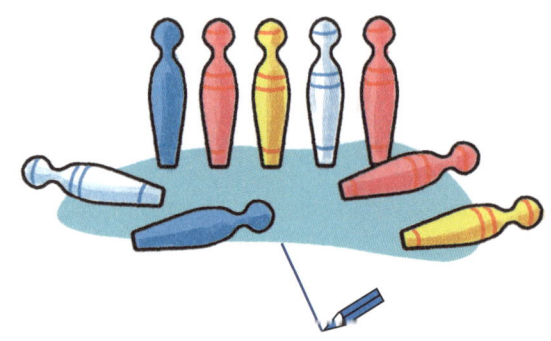

$$3 + 4 = $$

$$9 - 4 = $$

3 Ich weiß:

Ich frage: Wie viele Tiere sind es?

Ich rechne:  =

Ich antworte: Tiere sind es.

Geldwerte bis 20 Euro

1

 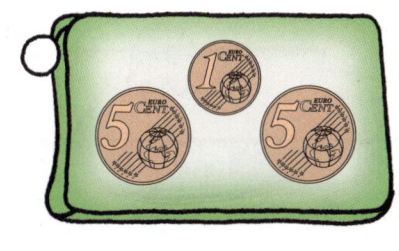 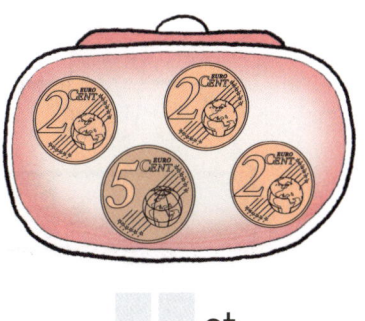

[ ] ct   [ ] ct   [ ] ct

2 Lege und male.

10		

13 ct   12 ct   15 ct

3

[ ] €   [ ] €   [ ] €

4 Lege und male.

10		

17 €   20 €   19 €

Geldwerte bis 20 Euro

| 15 € | 13 € | 11 € | 6 € | 3 € | 2 € |

1

1 5 € + 2 € = ⬜⬜ €

⬜⬜ € + ⬜ € = ⬜ €

⬜⬜ € + ⬜ € = ⬜⬜ €

⬜⬜ € + ⬜ € = ⬜⬜ €

2

Max kauft		Max gibt	Max bekommt zurück
🟡	2 €	5 €	5 € − 2 € = ⬜ €
🐻	3 €	10 €	⬜⬜ € − ⬜ € = ⬜ €
🧍	6 €	20 €	⬜⬜ € − ⬜ € = ⬜⬜ €

3

6 € + 4 € = ⬜⬜ €   12 € − 1 € = ⬜⬜ €

17 € + 3 € = ⬜⬜ €   18 € − 8 € = ⬜⬜ €

5 € + 5 € = ⬜⬜ €   20 € − 10 € = ⬜⬜ €

Dreieck, Viereck, Kreis

1 Male aus.

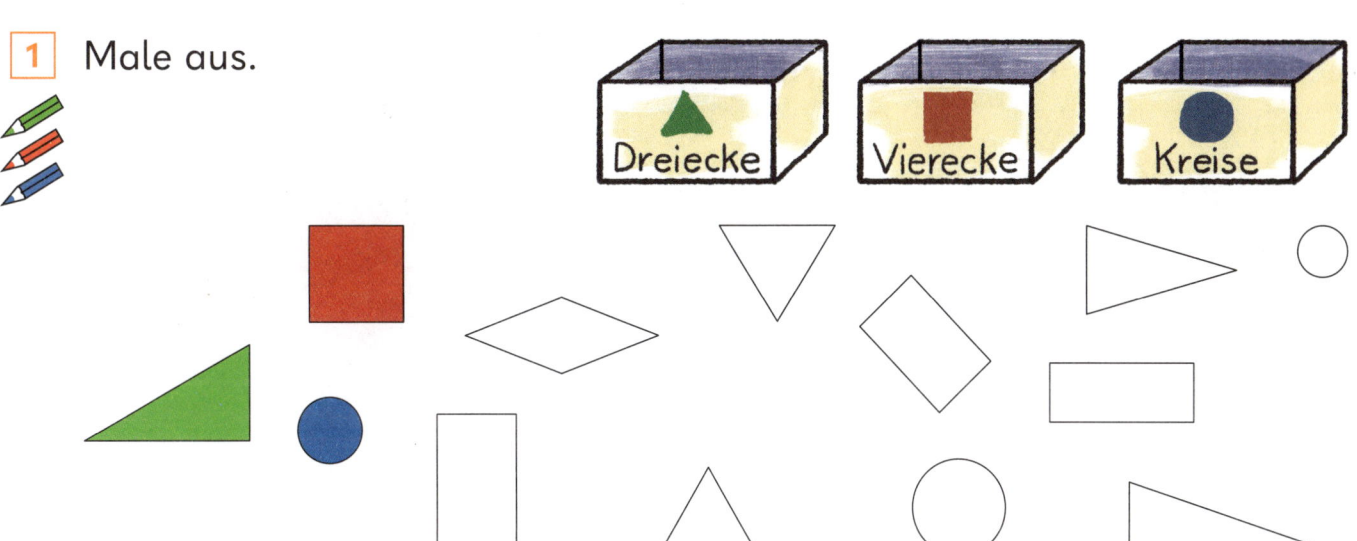

2 Lege nach. Wie viele △, □ und ◯ sind es?

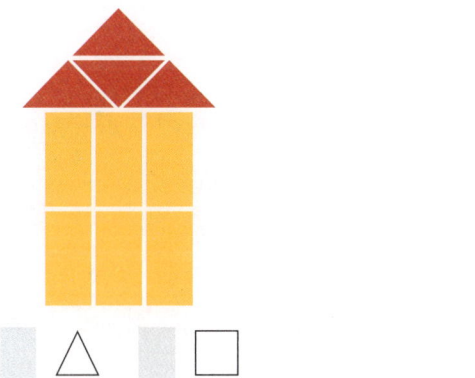

△ □

△ □ ◯

3 Wie viele △, □ und ◯ sind es? Male aus und zähle.

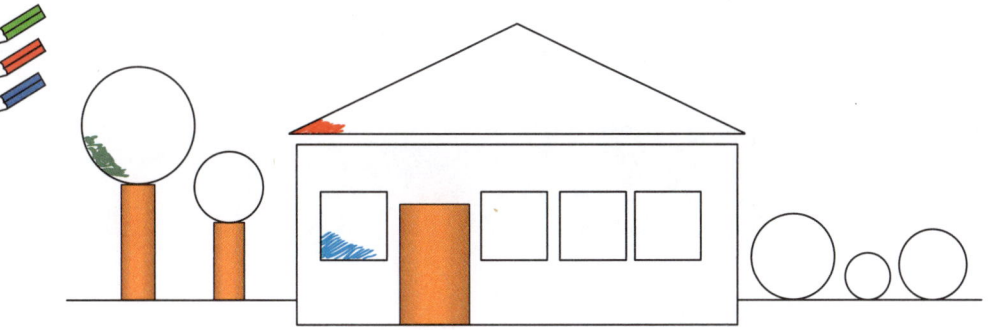

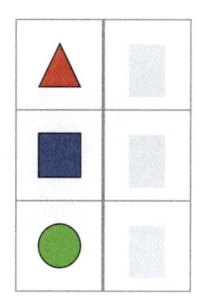

Ebene Figuren am Geobrett

1 Spanne nach und zeichne ein.

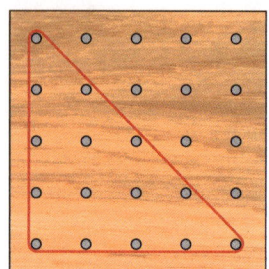 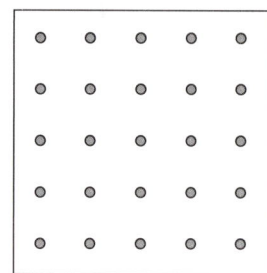 

2 Spanne und zeichne eigene Dreiecke.

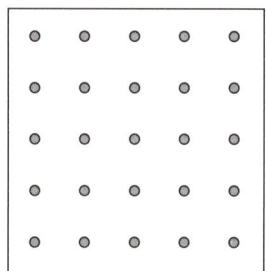 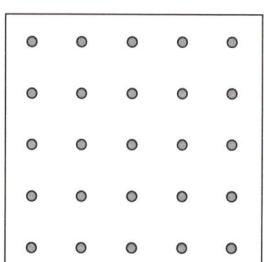 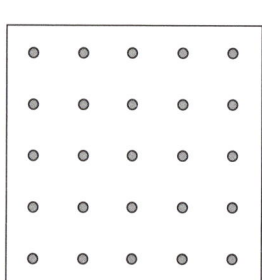

3 Spanne nach und zeichne ein.

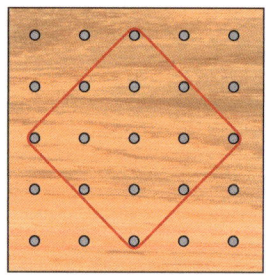 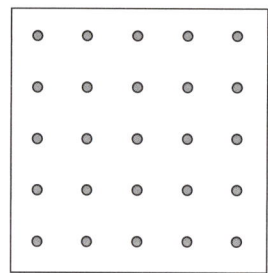 

4 Spanne und zeichne eigene Vierecke.

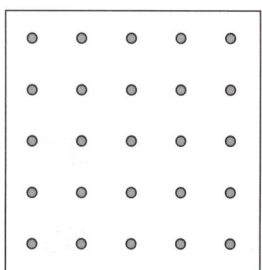 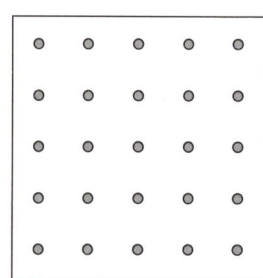

Muster

1 Lege, male und setze fort.

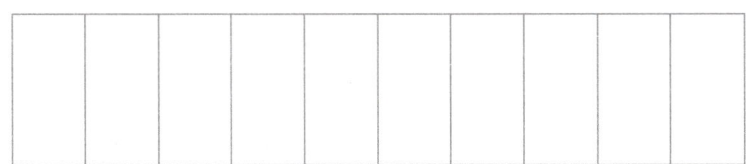

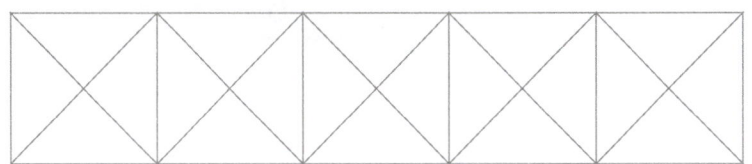

2 Zeichne eigene Muster.

Addieren mit Zehnerübergang

1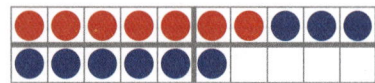

$7 + 9 = \boxed{}\boxed{}$

$7 + 3 = 1\,0$

$1\,0 + 6 = \boxed{}\boxed{}$

Ich ergänze zum Zehner. Ich zerlege die 2. Zahl. Dann addiere ich den Rest.

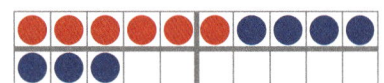

$6 + 7 = \boxed{}\boxed{}$

$6 + 4 = \boxed{}\boxed{}$

$\boxed{} + \boxed{} = \boxed{}\boxed{}$

$7 + 8 = \boxed{}\boxed{}$

$7 + \boxed{} = \boxed{}\boxed{}$

$\boxed{} + \boxed{} = \boxed{}\boxed{}$

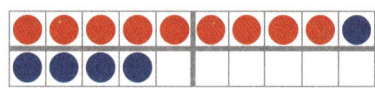

$9 + 5 = \boxed{}\boxed{}$

$9 + \boxed{} = \boxed{}\boxed{}$

$\boxed{} + \boxed{} = \boxed{}\boxed{}$

2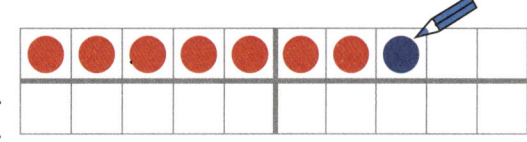

$7 + 7 = \boxed{}\boxed{}$

$7 + \boxed{} = \boxed{}\boxed{}$

$\boxed{} + \boxed{} = \boxed{}\boxed{}$

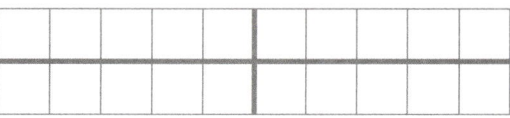

$7 + 5 = \boxed{}\boxed{}$

$7 + \boxed{} = \boxed{}\boxed{}$

$\boxed{} + \boxed{} = \boxed{}\boxed{}$

$9 + 3 = \boxed{}\boxed{}$

$\boxed{} + \boxed{} = \boxed{}\boxed{}$

$\boxed{}\boxed{} + \boxed{} = \boxed{}\boxed{}$

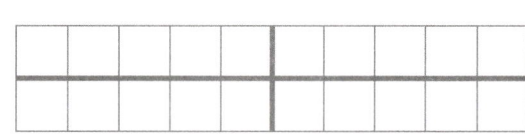

$6 + 5 = \boxed{}\boxed{}$

$\boxed{} + \boxed{} = \boxed{}\boxed{}$

$\boxed{}\boxed{} + \boxed{} = \boxed{}\boxed{}$

Addieren mit Zehnerübergang

1

$9 + 7 =$ ▢▢
$9 + 1 = 10$
▢▢ $+$ ▢ $=$ ▢▢

$7 + 4 =$ ▢▢
$7 +$ ▢ $=$ ▢▢
▢▢ $+$ ▢ $=$ ▢▢

$5 + 6 =$ ▢▢
$5 +$ ▢ $=$ ▢▢
▢▢ $+$ ▢ $=$ ▢▢

$8 + 9 =$ ▢▢
▢▢ $+$ ▢ $=$ ▢▢
▢▢ $+$ ▢ $=$ ▢▢

$8 + 6 =$ ▢▢
▢▢ $+$ ▢ $=$ ▢▢
▢▢ $+$ ▢ $=$ ▢▢

$3 + 8 =$ ▢▢
▢▢ $+$ ▢ $=$ ▢▢
▢▢ $+$ ▢ $=$ ▢▢

2

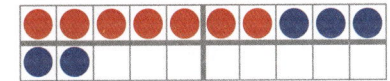

$7 + 5 =$ ▢▢
$7 + 3 + 2 =$ ▢▢

Ich schreibe das anders auf.

$8 + 7 =$ ▢▢
$8 +$ ▢ $+$ ▢ $=$ ▢▢

3

$9 + 2 =$ ▢▢
$9 +$ ▢ $+$ ▢ $=$ ▢▢

$7 + 5 =$ ▢▢
▢ $+$ ▢ $+$ ▢ $=$ ▢▢

$6 + 8 =$ ▢▢
▢ $+$ ▢ $+$ ▢ $=$ ▢▢

$8 + 5 =$ ▢▢
▢ $+$ ▢ $+$ ▢ $=$ ▢▢

4

$9 + 2 =$ ▢▢
$9 + 3 =$ ▢▢
$9 + 4 =$ ▢▢

$6 + 6 =$ ▢▢
$6 + 7 =$ ▢▢
$6 + 8 =$ ▢▢

$4 + 8 =$ ▢▢
$5 + 8 =$ ▢▢
$6 + 8 =$ ▢▢

$6 + 7 =$ ▢▢
$7 + 7 =$ ▢▢
$8 + 7 =$ ▢▢

11 12 12 12 13 13 13 13 14 14 14 15

Subtrahieren mit Zehnerübergang

1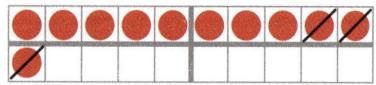

$$11 - 3 = \boxed{}$$
$$11 - 1 = 10$$
$$10 - 2 = 8$$

Immer zurück zur 10. Ich zerlege die 2. Zahl. Dann subtrahiere ich den Rest.

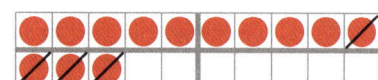

$$13 - 4 = \boxed{}$$
$$13 - 3 = \boxed{}$$
$$\boxed{} - \boxed{} = \boxed{}$$

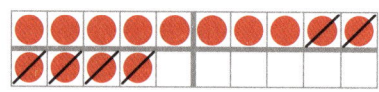

$$14 - 6 = \boxed{}$$
$$14 - \boxed{} = \boxed{}$$
$$\boxed{} - \boxed{} = \boxed{}$$

$$15 - 8 = \boxed{}$$
$$15 - \boxed{} = \boxed{}$$
$$\boxed{} - \boxed{} = \boxed{}$$

2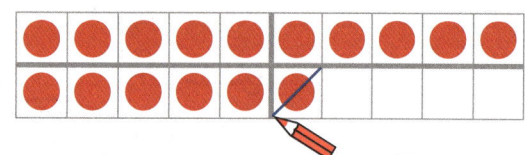

$$16 - 7 = \boxed{}$$
$$16 - \boxed{} = \boxed{}$$
$$\boxed{} - \boxed{} = \boxed{}$$

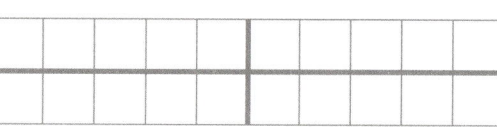

$$12 - 4 = \boxed{}$$
$$12 - \boxed{} = \boxed{}$$
$$\boxed{} - \boxed{} = \boxed{}$$

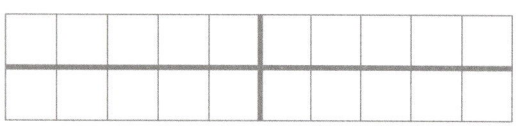

$$13 - 6 = \boxed{}$$
$$\boxed{} - \boxed{} = \boxed{}$$
$$\boxed{} - \boxed{} = \boxed{}$$

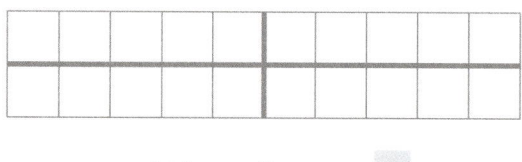

$$17 - 8 = \boxed{}$$
$$\boxed{} - \boxed{} = \boxed{}$$
$$\boxed{} - \boxed{} = \boxed{}$$

Subtrahieren mit Zehnerübergang

1 Lege und rechne.

13 − 7 = ☐   17 − 9 = ☐   14 − 8 = ☐

13 − 3 = ☐☐   17 − ☐ = ☐☐   14 − ☐ = ☐☐

☐☐ − ☐ = ☐   ☐☐ − ☐ = ☐   ☐☐ − ☐ = ☐

16 − 9 = ☐   15 − 6 = ☐   13 − 5 = ☐

☐☐ − ☐ = ☐   ☐☐ − ☐ = ☐   ☐☐ − ☐ = ☐

☐☐ − ☐ = ☐   ☐☐ − ☐ = ☐   ☐☐ − ☐ = ☐

2

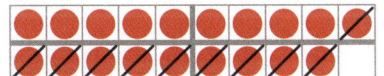

18 − 9 = ☐

18 − 8 − 1 = ☐

Ich schreibe
das anders auf.

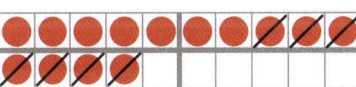

14 − 7 = ☐

14 − ☐ − ☐ = ☐

3 15 − 7 = ☐   16 − 8 = ☐

15 − ☐ − ☐ = ☐   16 − ☐ − ☐ = ☐

13 − 5 = ☐   12 − 7 = ☐

13 − ☐ − ☐ = ☐   12 − ☐ − ☐ = ☐

4 13 − 4 = ☐   16 − 7 = ☐   12 − 7 = ☐   14 − 9 = ☐

13 − 5 = ☐   16 − 8 = ☐   13 − 7 = ☐   15 − 9 = ☐

13 − 6 = ☐   16 − 9 = ☐   14 − 7 = ☐   16 − 9 = ☐

🐛 5 5 6 6 7 7 7 7 7 8 8 9 9

Addieren und Subtrahieren mit Zehnerübergang

1

$8 + 4 = $	$9 + 4 = $	$13 - 4 = $	$14 - 7 = $
$7 + 5 = $	$8 + 8 = $	$15 - 7 = $	$11 - 5 = $
$6 + 8 = $	$7 + 8 = $	$16 - 9 = $	$12 - 8 = $

4 6 7 7 8 9 12 12 13 14 15 16

2 Bilde Aufgabenfamilien.

5   7   12   6   9   15   6   11   17

+ =
+ =
− =
− =

3

+	6	8	7
6			
7			

−	9	6	8
11			
13			

4

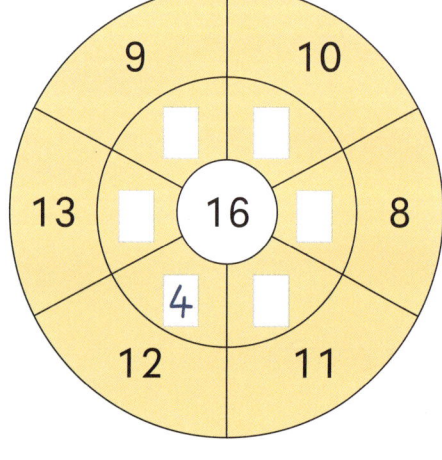

9   10   13   16   8   4   12   11

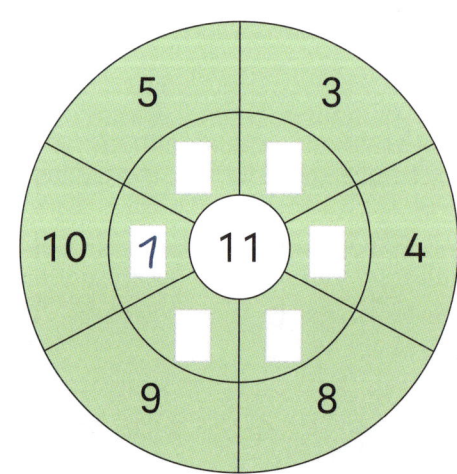

5   3   10   7   11   4   9   8

Addieren und Subtrahieren mit Zehnerübergang

1 Rechne. Finde die Lösungsworte.

7	9	11	12	13	14	15	18
H	E	S	A	O	M	D	L

$5 + 7 = 12$ A

$9 + 5 =$ ___

$8 + 3 =$ ___

$4 + 5 =$ ___

$9 + 9 =$ ___

$7 + 8 =$ ___

$9 + 4 =$ ___

$13 - 6 =$ ___

$16 + 2 =$ ___

$17 - 8 =$ ___

2

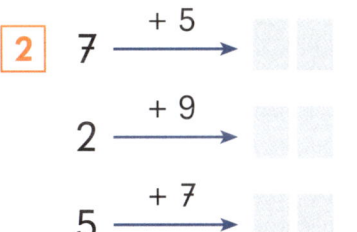

$7 \xrightarrow{+5}$ ☐☐

$2 \xrightarrow{+9}$ ☐☐

$5 \xrightarrow{+7}$ ☐☐

$16 \xrightarrow{-8}$ ☐

$13 \xrightarrow{-7}$ ☐

$15 \xrightarrow{-9}$ ☐

$6 \xrightarrow{+7}$ ☐☐

$14 \xrightarrow{-7}$ ☐

$9 \xrightarrow{+5}$ ☐☐

3

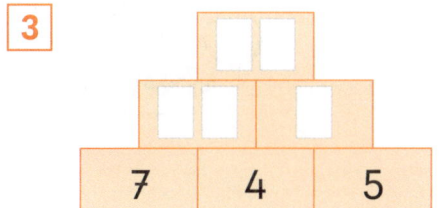

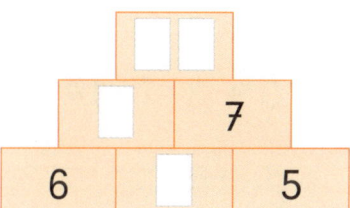

4

7	8	13	15	16

Gleichungen und Ungleichungen

1 Setze das richtige Zeichen ein: < , > , = .

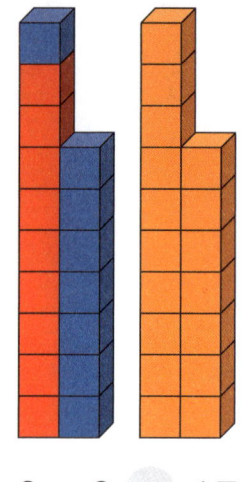

$7 + 6 \bigcirc 15$ $12 + 4 \bigcirc 14$ $9 + 8 \bigcirc 17$

2 Setze das richtige Zeichen ein: < , > , = .

$8 + 4 \bigcirc 12$	$15 - 8 \bigcirc 7$	$14 - 6 \bigcirc 8$
$5 + 9 \bigcirc 13$	$13 - 6 \bigcirc 9$	$4 + 7 \bigcirc 11$
$3 + 8 \bigcirc 14$	$17 - 9 \bigcirc 8$	$16 - 8 \bigcirc 9$

3

 < 7    = 7    > 7

$9 - 4$ ✏️ $15 - 6$ $14 - 7$ $8 - 5$ $19 - 7$ $8 - 1$

4 Finde immer 2 Lösungen.

$6 + \square < 14$ $12 - \square > 5$ $8 + \square < 12$ $13 - \square > 7$
$6 + \square < 14$ $12 - \square > 5$ $8 + \square < 12$ $13 - \square > 7$

Zahlenfolgen und Muster

1 Wie geht es weiter?

 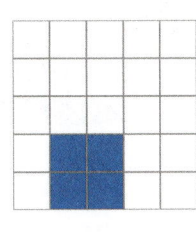 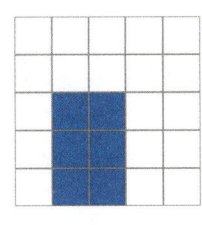 

Immer 2 mehr

2 Immer 3 mehr

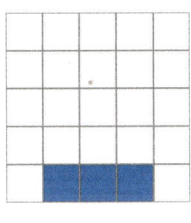 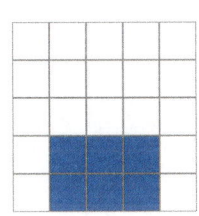 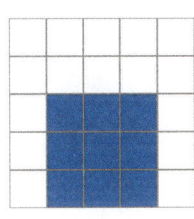 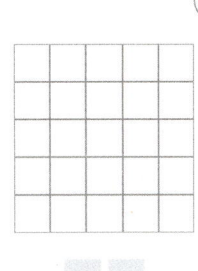

3

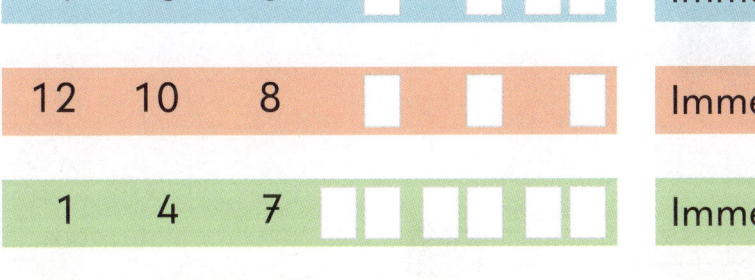

| 1 | 3 | 5 | | | | Immer 2 mehr |

| 12 | 10 | 8 | | | | Immer 2 weniger |

| 1 | 4 | 7 | | | | Immer 3 mehr |

| 17 | 14 | 11 | | | | Immer 3 weniger |

| 0 | 4 | 8 | | | | Immer 4 mehr |

4 Wie geht es weiter?

 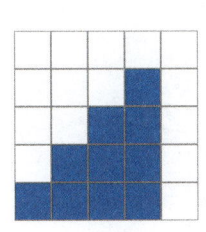 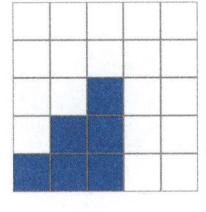 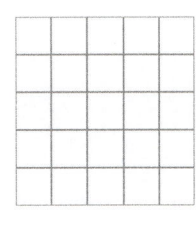

Kombinieren

1 Lege und male.

Du hast:

Du kannst auch bauen.

2 Lege und male.

Du hast:

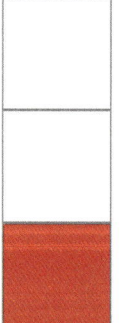  

Ich lege zuerst rot unten.

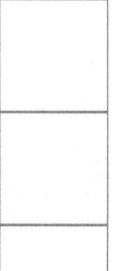 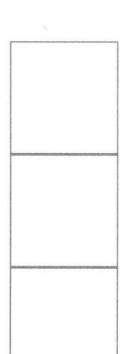 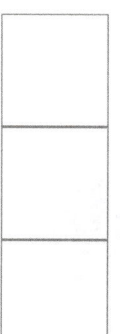

Linien, Punkte und Geraden

1 Zeichne gekrümmte Linien.

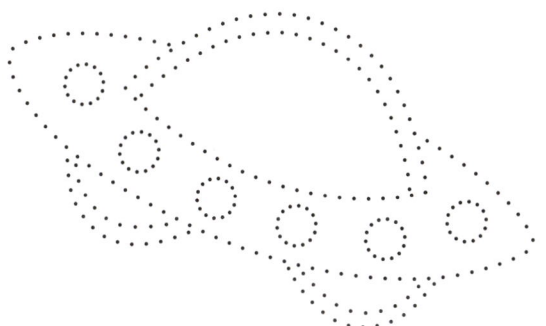

2 Zeichne gerade Linien.

3 Zeichne eine Gerade g. Lege auf der Geraden g einen Punkt P fest.

4 Zeichne zwei Geraden e und f.
Lege zwei Punkte A und B fest, die nicht auf einer Geraden liegen.

Strecken

1 Vergleiche.

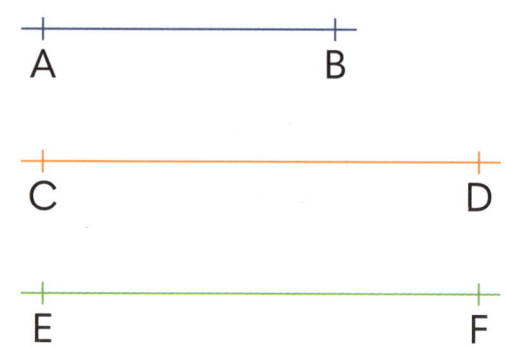

$\overline{CD}$ ist länger als ____ .

$\overline{CD}$ ist genauso lang wie ____ .

$\overline{AB}$ ist kürzer als ____ und ____ .

2 Miss die Länge jeder Strecke.

$\overline{AB}$ = ____ cm

$\overline{CD}$ = ____ cm

$\overline{EF}$ = ____ cm

$\overline{GH}$ = ____ cm

3 Welcher Hund hat den kürzesten Weg zum Knochen?

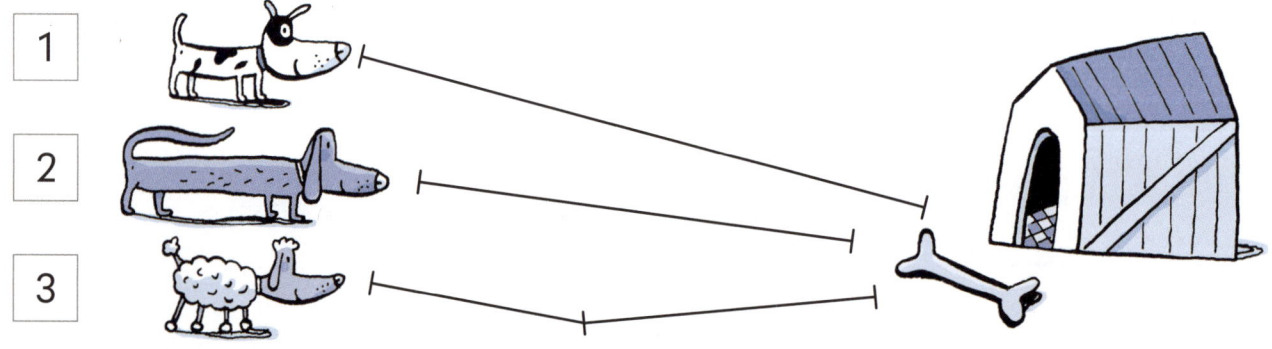

Strecken

1 Zeichne die Strecken nach.

 3 cm lange Strecken
 4 cm lange Strecken
 5 cm lange Strecken

2 Zeichne die Strecken.

$\overline{AB}$ = 8 cm A

$\overline{CD}$ = 6 cm C

$\overline{EF}$ = 4 cm E

3 Rechne und zeichne die Strecke.

3 cm + 4 cm I $\overline{IK}$ = ▢ cm

5 cm + 3 cm L $\overline{LM}$ = ▢ cm

Uhrzeit

1 Ordne zu.

| 15 Uhr | 6 Uhr | 18 Uhr | 10 Uhr |

2 Wie spät ist es? Verbinde.

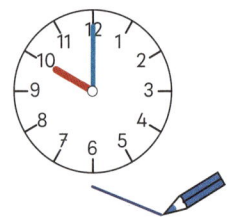  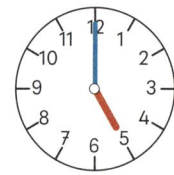 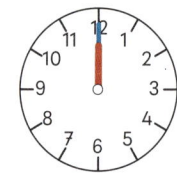

| 9 Uhr
21 Uhr | 10 Uhr
22 Uhr | 0 Uhr
12 Uhr | 5 Uhr
17 Uhr |

3 Wie spät ist es?
Gib die Vormittagszeit und die Nachmittagszeit an.

   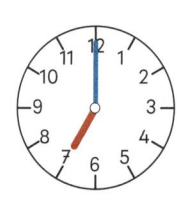

Uhr   Uhr   Uhr   Uhr

Uhr   Uhr   Uhr   Uhr

Die Zehnerzahlen bis 100

1

1 0 ☐ ☐ ☐ ☐ ☐ ☐ ☐ ☐

2

☐ ☐ ct   ☐ ☐ ct   ☐ ☐ €   ☐ ☐ €

3 Setze das richtige Zeichen ein: < , > , = .

2 ◯ 4   20 ◯ 40

4 ◯ 7   3 ◯ 3   8 ◯ 2   10 ◯ 9

40 ◯ 70   30 ◯ 30   80 ◯ 20   100 ◯ 90

4 Ordne. Beginne mit der kleinsten Zahl.

80	40	20	30	60

☐☐ , ☐☐ , ☐☐ , ☐☐ , ☐☐

Rechnen mit Zehnerzahlen

1

2 + 3 =
20 + 30 =

6 – 4 =
60 – 40 =

Die kleine Aufgabe hilft.

2

6 + 2 =   8 + 1 =   5 + 3 =   4 + 4 =
60 + 20 =   80 + 10 =   50 + 30 =   40 + 40 =

3

10 – 5 =   8 – 5 =   6 – 3 =   7 – 4 =
100 – 50 =   80 – 50 =   60 – 30 =   70 – 40 =

4 Bilde Aufgabenfamilien.

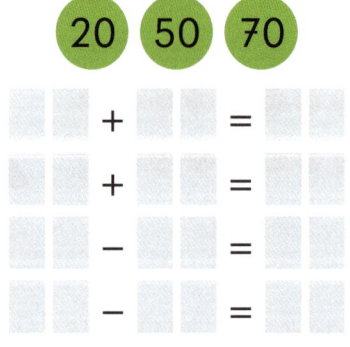

20 50 70

___ + ___ = ___
___ + ___ = ___
___ – ___ = ___
___ – ___ = ___

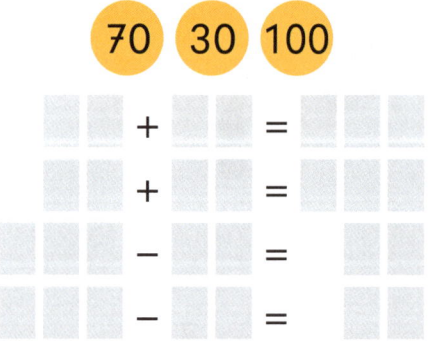

70 30 100

___ + ___ = ___
___ + ___ = ___
___ – ___ = ___
___ – ___ = ___

5

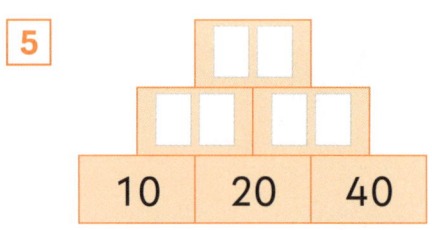

10   20   40

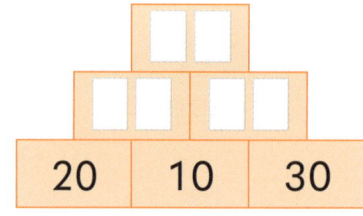

20   10   30

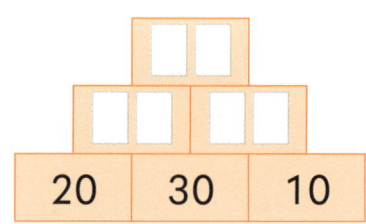

20   30   10

Alle Zahlen bis 100

1

Z	E
2	5

Z	E

Z	E

Z	E

2 Stelle die Zahlen dar.

48

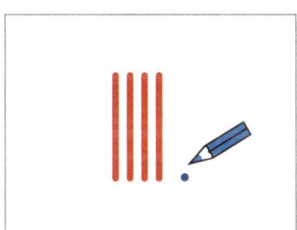

25

51

3 Zerlege in Zehner und Einer.

Z	E	
5	4	54
		65
		73
		85

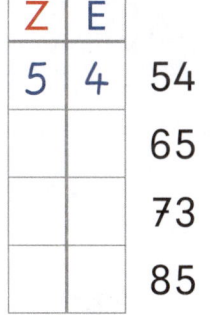

4 Wie heißt die Zahl?

Z	E	
2	3	2 3
7	2	
9	1	
5	0	

5

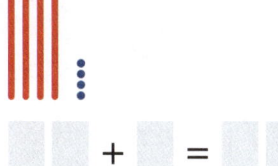

$3\ 0 + 6 =$ ☐☐

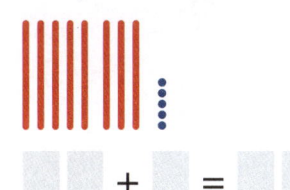

☐☐ $+$ ☐ $=$ ☐☐

☐☐ $+$ ☐ $=$ ☐☐

☐☐ $+$ ☐ $=$ ☐☐

☐☐ $+$ ☐ $=$ ☐☐

☐☐ $+$ ☐ $=$ ☐☐

Die Hundertertafel

1	2	3	4	5	6	7	8	9	10
11		13		15					
21		23		25					
31	32	33	34	35	36	37	38	39	
41				45					
51	52			55		57			60
61				65		67			
71				75		77	78		
81	82	83	84	85	86	87	88	89	90
91									100

1 Trage die Zahlen in die Hundertertafel ein.

Alle Zehnerzahlen

Alle Zahlen, die rechts neben der 41 stehen

Alle Zahlen, die rechts neben der 91 stehen

2 Male die Zahlen in der Hundertertafel gelb an.

3	13	23	33		5	15	25	35
81	82	83	84		57	67	77	87

Sammeln und Lesen von Daten

1 Zähle die Hosen. Fülle die Tabelle aus.

	Anzahl
(orange Hose)	
(grüne Hose)	
(weiße Hose)	

2 Zähle die T-Shirts. Fülle die Tabelle aus und zeichne ein Diagramm.

	Anzahl
(blaues T-Shirt)	
(rotes T-Shirt)	

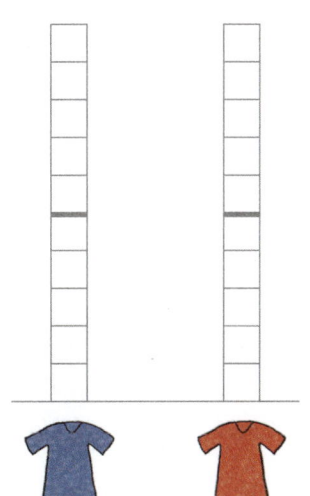

Sammeln und Lesen von Daten

1 Lies die Tabelle und male richtig aus.

	Anzahl
👖	3
👖	7

2 Lies das Diagramm und und male richtig aus.

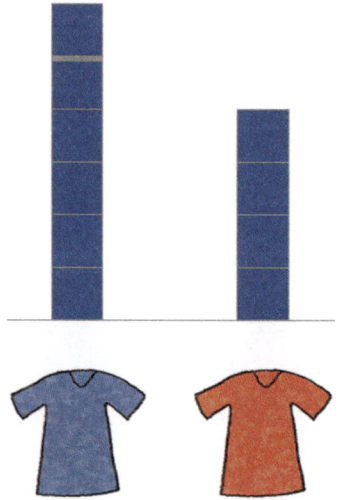

Wahrscheinlichkeit
===

Wahrscheinlichkeit

1 Möglich oder unmöglich? Kreuze an.

- ○ möglich
- ○ unmöglich

- ○ möglich
- ○ unmöglich

- ○ möglich
- ○ unmöglich

- ○ möglich
- ○ unmöglich

2 Möglich oder unmöglich? Kreuze an.

Du hast: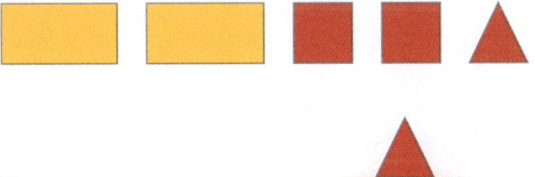

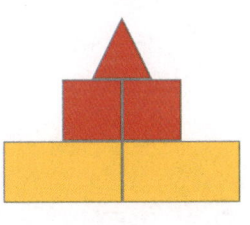

- ○ möglich
- ○ unmöglich

- ○ möglich
- ○ unmöglich

Ich probiere.

FIT FÜR KLASSE 2

1 Verbinde.

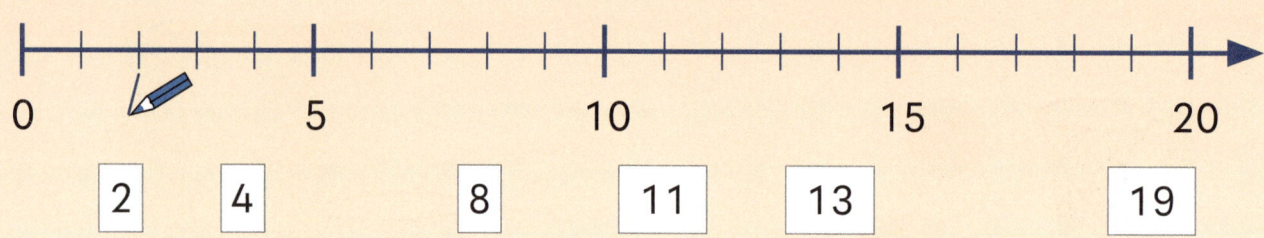

| 2 | 4 | | 8 | 11 | 13 | | 19 |

2 Ordne. Beginne mit der kleinsten Zahl.

| 9 | 16 | 20 | 7 | 11 | ☐ , ☐ , ☐☐ , ☐☐ , ☐☐

3 Ordne. Beginne mit der größten Zahl.

| 20 | 14 | 5 | 4 | 17 | ☐☐ , ☐☐ , ☐☐ , ☐ , ☐

4 Ergänze die Aufgabenfamilien.

1 8 ☐

1 + 8 = ☐
☐ + ☐ = ☐
☐ − ☐ = ☐
☐ − ☐ = ☐

7 4 ☐

7 + 4 = ☐☐
☐ + ☐ = ☐☐
☐☐ − ☐ = ☐
☐☐ − ☐ = ☐

☐ ☐ 15

☐ + ☐ = ☐☐
☐ + ☐ = ☐☐
☐☐ − ☐ = ☐☐
☐☐ − ☐ = ☐☐

5

13 + 4 = ☐☐   16 − 3 = ☐☐   8 + 7 = ☐☐

9 + 2 = ☐☐   11 − 3 = ☐   17 − 9 = ☐

9 + 4 = ☐☐   14 − 8 = ☐   6 + 9 = ☐☐

1

 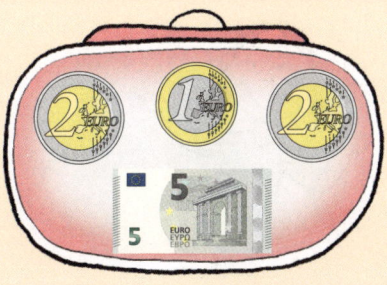 

☐☐ ct   ☐☐ €   ☐☐ €

2 Wie spät ist es?

☐ Uhr   ☐ Uhr   ☐☐ Uhr

☐☐ Uhr   ☐☐ Uhr   ☐☐ Uhr

3 Miss die Länge jeder Strecke.

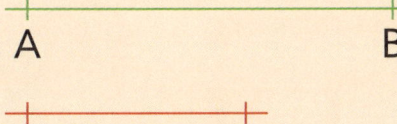

$\overline{AB}$ = ☐ cm

$\overline{CD}$ = ☐ cm

4 Wie viele △, ☐ und ◯ sind es? Male aus und zähle.

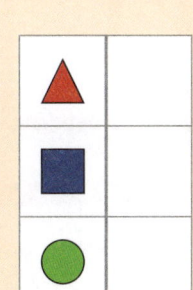

79

Mathematik zum Knobeln

1

4 + 3 = 7
Ich schreibe 3 in alle grauen Felder.

$4 + 3 = 7$

$\square + \square = 10$

$\square + \square = 6$

$\square + \square = 14$

2 $\quad 5 + \square = 13 \qquad \square + \square = 10$

$\square + \square = 16 \qquad \square + \square = 14$

Gleiche Farben stehen für gleiche Zahlen.

3 $\quad 19 - 13 = \square \qquad \square + \square = \square$

$20 - \square = 15 \qquad \square + \square = 15$

4 Finde den Weg aus dem Labyrinth.

Start

Ziel